海冰环向裂纹法冰载荷预报及应用

周 利 丁仕风 李 放 著

科学出版社

北 京

内 容 简 介

与普通水域船舶不同，极地船舶首要关注的是海冰引起的环境载荷输入问题，合理分析极地船舶总体冰载荷和局部冰载荷，评估其冰阻力、运动响应和操纵性是本书关注的重点。本书主要介绍一种近年来发展起来的极地船舶动态冰载荷数值模拟方法——环向裂纹法。该方法基于海冰环向裂纹断裂假设，在船体与海冰直接碰撞区域，直接求解船-冰相互作用载荷，通过模拟楔形海冰弯曲断裂极限承载能力和环向裂纹尺度，在时域中更新层冰边界，避免了因海冰模型材料建模和预设网格不准带来的问题。本书首先介绍极地海冰的基本特性，详细阐述环向裂纹法理论，以此为基础开展极地船舶冰阻力、运动响应、操纵性和局部冰载荷的案例分析，并简要介绍其他数值方法。

本书可供极地船舶、极地海洋工程、寒区近海工程等相关专业的工程和技术人员阅读，也可为本科生和研究生的学习提供参考。

图书在版编目（CIP）数据

海冰环向裂纹法冰载荷预报及应用/周利，丁仕风，李放著. —北京：科学出版社，2024.1
　ISBN 978-7-03-077069-1

　Ⅰ.①海… Ⅱ.①周… ②丁… ③李… Ⅲ.①极地–船舶–海冰–载荷分析 Ⅳ.①U661.4

中国国家版本馆 CIP 数据核字（2023）第 225120 号

责任编辑：许　蕾　沈　旭　李　娜/责任校对：任云峰
责任印制：张　伟/封面设计：许　瑞

科学出版社 出版
北京东黄城根北街 16 号
邮政编码：100717
http://www.sciencep.com

北京中石油彩色印刷有限责任公司 印刷
科学出版社发行　各地新华书店经销
*
2024 年 1 月第 一 版　开本：720×1000　1/16
2024 年 1 月第一次印刷　印张：9 1/4
字数：200 000
定价：99.00 元
（如有印装质量问题，我社负责调换）

前　言

随着全球经济化的深入发展，极地在资源、经济、战略等方面的价值不断展现出来。《中华人民共和国国民经济和社会发展第十四个五年规划和 2035 年远景目标纲要》中明确提出建设"冰上丝绸之路"的工作要求，这对我国认识北极、保护北极、利用北极、保障国家战略安全具有极其重要的意义。近年来，全球气候变暖导致北极冰层不断融化，北极航道开通的可能性大大提高，对保障我国能源安全、降低远洋运输成本、提高国际影响力具有重大意义。

有别于普通水域船舶，极地船舶在设计时首要考虑的环境要素是冰载荷，设计的冰载荷通常是静水载荷或者波浪载荷的几倍到十几倍，因此需要对其重点关注。极地船舶在冰区航行时，船体受到海冰冲击，通过压溃、弯曲断裂、摩擦等多种载荷作用形式，对船舶产生非线性高幅值动态冰载荷。海冰的存在，一方面引起船舶航行阻力增大，影响船舶推进和操纵性；另一方面引起船舶局部压力载荷，对船体的结构安全造成影响。作用在极地船舶上的冰载荷存在明显的随机性、冲击性和强非线性等特点，常规的研究方法难以准确描述冰载荷的形成、发展和演变机理，是困扰学术界多年的科学难题。

研究船体与海冰的相互作用是极地海洋装备的关键技术，也是近年来极地工程领域研究的热点和前沿问题。本书主要阐述极地船舶破冰过程中引起的海冰断裂机理及其动态冰载荷时域模拟方法。本书作者在吸取国外极地船舶设计理念和经验的基础上，持续开展了十几年的数值模拟、模型实验与实船试验等相关研究工作，形成了一套系统性的冰载荷预报思路和方法——海冰环向裂纹法。

全书共 6 章：第 1 章，绪论，简要介绍极地海冰分类、极地海洋结构物种类、极地工程冰载荷研究方法、冰载荷预报问题难点等；第 2 章，海冰基本特性与失效模式，主要描述极地海冰基本特性及海冰失效模式，主要包括压溃、压屈、弯曲和劈裂等，并进一步阐述冰载荷主要类型；第 3 章，海冰环向裂纹法理论，详细介绍理论来源和基本假定，描述海冰环向裂纹法数学模型，并将数值模拟计算结果与冰水池实验和实船试验结果进行对比验证研究；第 4 章，船舶冰阻力数值预报，重点介绍典型极地船舶的冰阻力预报规范方法、环向裂纹法在船舶冰阻力预测中的应用，同时以具体算例来展示其特点和优势；第 5 章，极地船舶运动响应与操纵性评估，主要介绍极地船舶操纵性评估、环向裂纹数值分析案例和其他操纵性评估方法;第6章,船体结构局部冰载荷预报,介绍规范冰载荷计算方法,进一步介绍基于海冰环向裂纹法的局部冰载荷算例及其他局部冰载荷分析方法。

本书主要内容由周利、丁仕风、李放、陈嘉明、孙乾洋、丁一、刘超、葛钰辉、董文博、张宇撰写,全书由上海交通大学周利统稿。本书的出版得到国家重点研发计划(2022YFE010700)、国家自然科学基金面上项目(52171259)、工信部高技术船舶科研项目(工信部重装函〔2021〕342号)的大力支持,在此深表谢意。另外,在本书撰写过程中,作者参考或引用了国内外一些专家学者的论著,在此一并表示感谢。

本书主要面向从事极地船舶与海洋工程设计方面的专业人员、教师及广大学生。本书可为极地工程领域的科研人员提供极地海洋结构物动态冰载荷预报方法,期望能为同行学者和专家的教学、科研工作提供参考和帮助。

由于作者水平有限,疏漏和不当之处在所难免,敬请读者批评指正。

作　者

2023 年 4 月

于上海交通大学

目　　录

第1章 绪 论

21 世纪以来，全球变暖加剧，冰川融化，极地地区冰层变薄，开阔水域的面积增大，极地油气勘探开发及北极航道通航的环境条件逐渐得到改善。极地已经成为世界各国发展建设必争的战略空间，作为极地开发最重要的工程装备，极地船舶与海洋工程结构物的设计和研制也提上了日程。

不同于普通水域，海冰是船舶在冰区航行的最大威胁。一方面，海冰引起高幅值的航行阻力，影响船舶的运动性能和操纵性；另一方面，海冰作用在船体上造成局部压力，给船体结构的安全带来了极大影响。因此，冰载荷分析是解决船舶破冰能力预报、主机功率选型、操纵性评估等船舶设计问题的关键。

本章详细阐述海冰的成因、类型及危害等问题，介绍极地海洋结构物的分类，总结极地工程冰载荷的研究现状，并探讨冰载荷预报问题的难点。

1.1 极地海冰概述

1.1.1 海冰形成过程

海冰是海水在低温状态下自然冻结形成的，内含固体冰、卤水和气体，是一种受温度和各种类型的固态盐分影响的复杂材料。其形成过程主要包含以下四个阶段：

第一阶段，随着海面气温的下降，表面海水的温度达到冰点以下，海水中产生凝结核，在海水表面逐渐凝结成零散的冰针或小冰片。

第二阶段，随着海面温度继续降低，冰针和小冰片大量聚集，并在风力、海流、海浪和潮汐等海洋气象环境的作用下互相堆叠。

第三阶段，随着海冰进一步冻结，成为漂浮于海面的冰皮或冰饼，也称为饼冰。

第四阶段，待海面布满饼冰后，其向厚度方向延伸，形成覆盖海面的灰冰和白冰。随着海水的运动，冰块不断发生断裂、堆积、挤压，其间伴随着海冰的多次融化和再凝结过程，形成山峦般起伏不平的大冰群。

海冰的形成和发展不仅与温度有关，还与海水密度、盐度、水深、海水湍流及凝结核等有密切的关系。

海水密度与盐度对海冰的形成有极大的影响。海水密度随温度的降低而增大，表层海水受环境因素冷却后，变冷的表面海水密度大于下面的海水密度，这样冷却的表层海水不断下沉，形成对流，使表面海水冻结，整层海水降温到或接近于冰点。因此，在这种情况下一旦表面海水冻结，便会迅速发展，延展到海底或混合层底部。由于对流的形成，冻结之前需要冷却更多的海水，延迟了结冰的时间。同时，海冰形成时，在冰晶、冰针和冰片的合并过程中，一部分盐水被包围在合并时形成的冰穴内，另一部分盐水则析出下沉到下面的海水中，析出的盐水使下层海水的盐度增加，加剧了下层海水的对流运动。由于冰点是盐度的函数，盐度的增加使冰点进一步降低，更加延缓了结冰的时间和速度。

凝结核对海冰形成的作用同样明显。接近或达到冰点的海水含有很多凝结核时，会很快冻结，而没有或只有很少的凝结核时，特别是在平静的海面上，常有过冷却水出现，但这种条件下的海水一旦有冰晶生成，这些冰晶就会成为凝结核而使海水迅速冻结。

海洋湍流运动是影响海冰形成的一个重要因素。海洋中浅水域和混合层充分发展的湍流运动使海水温度趋于均匀一致，减小了由表层冷却导致的海水降温幅度，延缓了海冰的形成，特别是秋冬季海洋边界层湍流运动促使混合层厚度增加，直接影响了冬初海冰的形成。

1.1.2 极地海冰分类

海冰按照形成和发展的各个阶段可分为初生冰、尼罗冰、饼冰、初冰、一年冰和陈冰。

1. 初生冰

初生冰是指最初形成的且厚度小于等于 10cm 的海冰，是由针状或薄片状的细小冰晶聚集冻结形成的。因海冰形成时的天气状况和海况不同，大量冰晶凝结，聚集形成黏糊状或海绵状海冰，故初生冰又可分为水内冰、脂状冰、湿雪、冰屑、冰壳。

水内冰是悬浮于水中细小的针状或盘状冰，是海冰形成的第一阶段。脂状冰是冰晶在海面形成的一层膜状的表层，该表层漫反射光线，可使海面失去光泽，见图 1-1(a)。湿雪包括陆地和冰面上雪与水的混合物，还包括海面降雪后形成的黏糊状冰。冰屑是由脂状冰和湿雪演变而成的，由一种白色海绵状冰团簇积形成，见图 1-1(b)。冰壳是由平静海水直接形成或由脂状冰发展而成的一种有光泽但极易破碎的薄冰，厚度通常不大于 5cm。

(a)脂状冰　　　　　　　　　　　　(b)冰屑

图 1-1 初生冰

2. 尼罗冰

尼罗冰由初生冰逐步发展而成，是一种具有弹性的薄冰层，在风浪作用下极易弯曲，受到挤压时边缘上升形成脂状冰，见图 1-2。尼罗冰表面无光泽，又分为暗尼罗冰和明尼罗冰。暗尼罗冰颜色极深，厚度通常不足 5cm；明尼罗冰颜色稍亮，厚度要超过 5cm。

图 1-2 尼罗冰

3. 饼冰

饼冰的形状近似圆形，直径为 30cm～3m，厚度可达 10cm，边缘由于彼此间的相互碰撞而形成一圈凸起。饼冰可以由脂状冰、冰屑、湿雪冻结形成，或由冰壳、尼罗冰破碎形成，见图1-3。

图1-3　饼冰

4. 初冰

初冰由尼罗冰或饼冰直接冻结在一起形成，是处于一年冰过渡期的冰，厚度为10～30cm，又可分为灰冰和灰白冰。灰冰厚度小于15cm，在涌浪挤压作用下呈筏状；灰白冰厚度为15～30cm，在一定的挤压作用下呈脊状。

5. 一年冰

一年冰是由初冰发展而成的，厚度为0.3～2m，见图1-4。一年冰的成长时间只有一个冬季，是进行极地考察时观测到的最为普遍的海冰。

(a) 小浮冰　　　　　　　　　　　　　(b) 大浮冰

图1-4　一年冰

一年冰按照厚度可分为薄一年冰、中一年冰和厚一年冰。薄一年冰又称为白冰，厚度通常为 30~70cm，中一年冰厚度为 70~120cm，而厚一年冰厚度超过 120cm，最厚可达 2m。

6. 陈冰

陈冰指至少经过一个夏季而未融化的海冰，厚度超过 2m，和一年冰相比，陈冰的盐度和密度较小，但其表面更为光滑，见图 1-5。陈冰按照形成时间不同又可以分为两年冰和多年冰。

图 1-5　陈冰

两年冰是指只经历了一个夏季而未融化的海冰，冰面保留夏季融化时产生的规则融冰坑特征，裸露的水区和融冰坑呈蓝绿色。

多年冰是指经历过至少两个夏季未融化而继续存在的海冰，多年冰内基本不含盐分，表面较两年冰更为光滑，包括一些相互连接的不规则的融冰坑和良好的排水管道，其裸露部分通常为蓝色或蓝绿色。

此外，依照运动状态不同，海冰还可以分成固定冰和流冰两种。

固定冰是指沿着海岸、冰壁、冰川前沿或搁浅的冰山之间生成或附着的海冰。固定冰的外缘一般位于 25m 等深线附近，固定冰的宽度可以从岸边向海中延伸数米至数百千米。固定冰包括陆缘冰、初岸冰、冰足、搁浅冰、搁浅冰山、搁岸冰及锚冰。

流冰是指在海面上随风或流漂流的海冰。体积较小的海冰从固定冰中分离出来，在海面漂流集聚，冻结形成流冰。流冰受风浪作用而移动，海上漂浮的流冰规模不一，年份也不一样。

1.1.3 海冰的威胁

在冰区作业的船舶和海洋平台常常面临海冰的威胁。

船舶在冰区航行的过程中，船体结构承受海冰的直接作用，包括层冰挤压、浮冰块碰撞、碎冰连续碰撞等，形成冰载荷，严重时可导致船体结构发生塑性变形甚至破裂。例如，1994 年，Overseas Ohio 号[1]船舶首部撞击冰山，导致严重受损；1996 年，Reduta Ordona 号[2]在前往加拿大丘吉尔市途中与冰山发生碰撞，船首肩部外板撕裂，受损严重。除此之外，海冰还有可能造成冰困，导致船舶无法移动，对船舶冰区的安全航行构成极大威胁。例如，2013 年，"雪龙"号科考船成功营救了在南极遇险的俄罗斯科考船"绍卡利斯基院士"号后，所在地区受强大气旋影响，浮冰范围迅速扩大，"雪龙"号科考船被围 4 天才得以脱困。

在风及海流的作用下，冰排大面积整体移动，对海上作业的海洋平台产生挤压作用，从而导致结构物发生变形，固定式海洋平台会受到海冰的连续撞击，产生较大的碰撞力，严重冰况下可能会把海洋平台推倒，如芬兰波的尼亚(Bothnia)湾在 20 世纪 70 年代发生多起流冰推倒灯塔事故[3]。另外，海冰压溃的周期性和不均匀性会导致冰激振动，当冰激振动频率与结构固有频率相近时，会发生共振，可能造成严重后果。1986 年，Molikpaq 钻探平台在连续冰排撞击激励下出现振动现象[4]，其结构砂土液化而下沉近 1m，造成了较大的经济损失。

1.2 极地海洋结构物种类

1.2.1 极地船舶

为了确保极地船舶在冰区航行的结构安全性和运动安全性，极地船舶的设计和建造较普通船舶要求更高，概括起来有以下四个方面。

(1)兼具冰/水动力性能：在极地冰区航行的船舶大多数情况下处于冰水混合环境中，这就要求船舶兼具冰/水动力性能，既要在冰区航行时具备所需的破冰能力，又要在无冰的状态下拥有良好的水动力性能。

(2)对船体结构强度要求高：船舶在破冰航行时船体与海冰挤压，产生较大的冰载荷，因此对船体结构强度提出了很高的要求；同时，螺旋桨和水下侧推器等强度较低的部位容易受到海冰影响而损坏，这是在设计建造极地船舶时需要着重考虑的问题。

(3)可以适应恶劣的气象条件和海况：极地地区环境恶劣，过低的气温导致材料的性能、设备的功效及工作环境受到极大的影响。极地基站稀少，影响通信系统、航行系统及冰况图像信息质量和对事故的反应时间，这些都对船舶适航性提出了极大的挑战。

(4)极地环境问题：极地自然生态环境尤为脆弱，为降低人类活动对极地环境的影响，国际海事组织和沿岸国家都对极地船舶设计及建造提出了更高的环保要求，如污水排放、油类排放、生活垃圾处理等。

极地船舶种类繁多，按其功能可分为破冰船、极地科考船、极地运输船、极地邮轮和极地渔船五种。

1. 破冰船

破冰船可以破碎海面冰层，开辟航道，引导船舶在冰区航行。随着南北极活动愈发频繁，世界各国都在紧张筹备建造破冰能力更强、结构更安全的极地破冰船。目前，拥有破冰船较多的国家大都是环北极发达国家，如俄罗斯、加拿大、美国等，由于天然的地理优势和强劲的经济实力，这些国家对航道破冰船的研究远早于其他国家。

2. 极地科考船

极地科考船是专门在南北极海域进行海洋调查和考察的专业海洋调查船，世界上著名的极地科考船有美国的"极星"号、俄罗斯的"绍卡利斯基院士"号、中国的"雪龙"号和"雪龙 2"号等。目前，极地科考船的发展趋势总体呈现破冰能力更强、船舶大型化、科考装备更先进、造价更高等明显特点。

3. 极地运输船

随着极地资源的开发，多用途船、油船、液化天然气(liquefied natural gas, LNG)船、集装箱船等运输船型被应用于极地货物运输工作。与传统运输船相比，极地运输船还需具备一定的防冰和破冰能力，建造难度更大。韩国、芬兰、日本等国家逐渐加大了对极地资源开发运输市场的投资，加快研发具有破冰能力的中型、重型油轮和 LNG 船等极地运输船。我国在轻型极地运输船设计建造方面已经具备一定的积累，但是中型、重型极地运输船的研发设计与世界一流水平之间仍存在差距。

4. 极地邮轮

随着极地旅游行业的兴起，极地邮轮市场也日益火热。与传统邮轮相比，极地邮轮不仅要满足游客游览的需要，其结构强度还要满足冰区航行的要求，且吨位一般较小，机动灵活，能够顺利在极地冰川和峡湾中航行。目前，全球有 7 艘邮轮获得破冰船(Icebreaker)船级符号，均从属于俄罗斯船队，它们可常年航行在极地海域，能够满足极地探险的各种需求。其中，俄罗斯"50 Let Pobedy"号核动力破冰船为破冰能力最强的极地探险邮轮。目前，研发设计高抗冰能力、更舒适、更安全的极地探险邮轮将是国际高附加值船舶市场发展的方向。

5. 极地渔船

南极蕴藏有南极磷虾、南极犬牙鱼和南极冰鱼等丰富的鱼类资源。南极磷虾作为重要的战略资源一直是各国竞相争夺的目标，目前南极渔业进入了一个快速发展期和资源竞争期。由于南极磷虾在捕捞上来后必须快速加工以保持鲜度、避免蛋白质流失和氟超标，所以高效的南极磷虾加工设备是极地渔船的核心。在捕捞技术上，挪威比较先进的公司已经采用横杆水下连续泵吸捕捞技术，可以实现连续捕捞，产量和效率极高。我国的南极磷虾捕捞技术起步较晚，相较于其他渔业强国，单船日产能较低，仅为挪威先进渔船的 1/2，且劳动强度大，时间利用率低，缺乏专业加工装备，仍需要加快建设步伐。

1.2.2　极地海洋工程

极地自然环境恶劣，低温、海冰、暴风雪、极夜等都对极地海洋工程提出了极大的挑战。目前，用于极地区域资源开发和利用的海洋工程结构物主要有极地钻井平台、混凝土重力式平台、浮式生产储卸油装置(FPSO)、海上风机等类型。

1. 极地钻井平台

极地海域具有丰富的油气资源，目前用于极地海上油气勘探的装备主要是抗冰半潜式钻井平台。极地钻井平台在进行设计建造时要着重考虑海冰、气象及作业时间等因素，根据这些参数来选择耐寒材料、钻井装置、海冰控制系统、定位系统等，以确保钻井装置的安全性和准确性。目前，在海况条件较好的海域、夏季无冰期的海域和冰情较轻的情况下，可采用极地钻井平台钻井。2015 年，烟台中集来福士海洋工程有限公司为挪威建造的极地半潜式钻井平台"维京龙"号，是我国建造的首座适合北极海域作业的深水半潜式极地钻井平台。

2. 混凝土重力式平台

混凝土重力式平台主要适用于浅水区域，其抗冰能力和抗腐蚀能力较强，成为最广泛使用的生产平台之一，典型代表为 Hibernia 平台、Prirazlomnaya 平台和

LNG-2 平台。该平台核心结构为沉箱、立柱和上部甲板，其优点体现在：采用下部沉箱储油，平台可以依靠自身重量保持稳定，有利于抵抗海冰环境载荷，提高抗腐蚀性。

3. 浮式生产储卸油装置

浮式生产储卸油装置受风浪、海冰、海流等环境因素的影响较大，所以并不适用于冰情较为恶劣的海域，但由于其抗风浪能力强、储卸油能力大、便于移动、可重复使用等优点，多应用在一般冰情的海域。目前，北极有 5 个规模较大的在产项目使用浮式生产储卸油装置，包括纽芬兰岛东部海域的特拉诺瓦(Terra Nova)油田和白玫瑰(White Rose)油田、挪威北海的鲍尔德(Balder)油田、挪威巴伦支海的戈里亚特(Goliat)油田和约翰·卡斯特伯格(Johan Castberg)油田。

4. 海上风机

风力发电具有清洁可再生、基建周期短、运维成本低等优点，极地地区风能资源丰富，海上风机应用前景广阔。新西兰斯科特基地、美国麦克默多站、比利时南极伊丽莎白公主站、德国南极诺伊迈尔Ⅲ号站和澳大利亚莫森站等都在南极洲建立了风电基地，其中德国南极诺伊迈尔Ⅲ号站设计了一套专门用于极地环境的垂直轴风力发电机，可在最低–55℃的环境条件中正常运行。

1.3 极地工程冰载荷研究方法

1.3.1 理论方法

冰载荷的大小和作用形式对于极地船舶和海洋工程的设计具有重要意义，但海冰自身物理特性复杂，与船舶的相互作用过程也复杂，使得对极地船舶冰载荷的研究更为困难。目前，冰载荷的研究方法主要包括经验方法、理论方法、数值方法、模型实验和实船试验等。

冰载荷计算方法的研究起步较早，20 世纪初，Runeberg[5]就基于破冰阻力和摩擦阻力提出了破冰船-冰载荷的理论计算方法。目前，对冰载荷研究的理论方法主要是在研究影响冰载荷各成分相互关系的基础上，通过合理假定，将复杂的船-冰相互作用简化为理想的力学模型，并结合实船试验或模型实验数据，形成冰载荷的经验公式。

现阶段使用比较广的冰载荷经验公式有 Lindqvist 公式[6]、Riska 公式[7]、Keinonen 公式[8]、Vance 公式[9]等，国内外学者也在不断地改进和研究冰载荷的经验公式[10-12]，每种经验公式都有各自的适用范围、基本假定和应用背景。例如，Lindqvist 公式中关于船舶航行速度(简称航速)对冰载荷的影响仅考虑了线性项，Keinonen 公式的适用范围为船-冰相对速度为 1m/s 的情况等。经验公式受实验数据来源和试验船型的限制，普适性较差，只能在极地船舶的概念设计阶段和初步设计阶段作为参考。

1.3.2 数值方法

随着计算机技术的发展，数值方法广泛应用在冰载荷研究中，相较于理论计算方法，数值方法能够更快速有效地模拟实际冰况，模拟海冰与结构物的相互作用过程，计算结果更加准确，更适合工程推广应用。

在冰载荷研究中，数值模拟常用的计算方法可以分为有网格法和无网格法两大类。近年来，工程领域广泛采用的有限元法(finite element method, FEM)属于有网格法。无网格法包括光滑粒子流体动力学(smoothed particle hydrodynamics, SPH)法、离散元法(distinct element method, DEM)、近场动力学(peridynamic, PD)法及本书主要介绍的环向裂纹法等。

在海冰与结构物的相互作用过程中，在极短的时间内对结构物施加极大的载荷，结构物的运动状态呈现出强烈的非线性，因此非线性有限元法是研究冰载荷问题的常用方法之一。例如，Jebaraj 等[13]利用非线性有限元法模拟船舶与海冰的相互作用，分析接触面积、肋骨角度、船舶冲撞速度、冰层厚度等对冰载荷的影响，而 Wang 等[14]也使用非线性有限元法对船-冰碰撞条件下船体结构的破坏模式进行了进一步的研究。

有限元法在模拟海冰破碎时易出现网格畸形问题，而光滑粒子流体动力学法能够以质点的运动来描述材料的变形、运动状态，可以避免产生网格大变形问题，同时粒子之间可以自行耦合，减少了数值模拟过程中的参数设置，因此光滑粒子流体动力学法也广泛用于海冰模型建立和冰载荷研究。哈尔滨工程大学李辉团队[15]基于光滑粒子流体动力学法对船舶连续破冰进行了数值模拟，研究了船舶航速和海冰厚度等参数对冰载荷的影响。

海冰在与结构物的相互作用过程中，经历了一个由连续体向离散体的转变过程，不同尺度下的海冰又表现出很强的离散元分布特征，因此采用离散元法对冰载荷进行研究具有独特的优势。季顺迎团队[16]利用离散元法分析了直立海洋平台结构与冰的作用过程，获得了不同桩径下的冰载荷和结构冰振响应，为冰区平台结构设计和现役海洋结构的疲劳寿命评估提供了参考依据。

近年来，新兴的近场动力学法也逐渐应用于冰力学相关领域。近场动力学法在处理裂纹模拟上有天然的优势，特别是在处理冰的破坏、研究冰的破坏模式等方面，而且可以通过与成熟的有限元法进行耦合来加快运算速度。Liu 等[17]采用近场动力学法模拟了冰层与直立结构接触破碎的过程，并对冰载荷的分布规律进行了研究。

本书介绍的环向裂纹法是一种基于解析公式[18]的数值模拟方法。在平整冰与船体相互作用的过程中，冰块会承受竖直方向的拉压作用和水平方向的拉伸作用，在这两种应力的共同作用下，冰块会产生平行于接触面方向的环向裂纹或者垂直于接触面方向的径向裂纹[19]，作者根据此物理现象提出了基于海冰环向裂纹法的冰阻力预报方法，并将该方法应用到船舶与海工装备的研制中。

1.3.3 模型实验

相较于理论方法和数值方法，通过冰水池实验获取模型结构的冰载荷更为直接，但模型实验测量数据的准确性与冰水池条件，以及实验人员的技术水平紧密相关。早期受冰水池建造技术的限制，许多专家学者选择石蜡作为海冰模型的替代品，对极地结构物的冰载荷进行了实验研究。随着极地船舶和海洋工程装备需求的增加，低温冰工程实验室大量出现，如德国汉堡水池（HSVA）、韩国现代重工拖曳水池、俄罗斯克雷洛夫国家科学中心新冰水池等。近二十年来，冰水池实验设备、流程与测控精度等硬件基础设施达到了更高水平，实验规程、实验方法、实验标准等基本要求逐渐统一化、规范化。1987 年，我国第一座冰水池在天津大学投入使用，2016 年完成了新一代冰水池的建设。中国船舶重工集团有限公司第七〇二研究所于 2016 年建设了一座用于科研工作的小冰水池，其大冰水池正在建设规划中。另外，哈尔滨工程大学在 2018 年完成了室外冰水池的建设[20]。

1.3.4 实船试验

冰载荷预报是极地船舶与海洋工程领域学者长久以来一直关注的重点和难点。实船试验通常被看作是研究冰载荷与船舶结构作用过程最为可靠的一种方法，能够提供船体冰载荷和运动状态的第一手资料，是制定相关规范、进行理论分析及数值模拟的依据。

在实船试验时，冰况、船舶位置、运动及结构响应都与冰载荷密切相关。局部冰载荷主要通过船体和结构的响应反演得到，在冰的碰撞作用下，船体结构发生变形，通过测量结构应变可反推估计冰载荷大小。在冰载荷研究中，主要采用剪应变传感器来监测板和加强筋的应变，同时采用影响系数法将测得的局部应变或应力转换成局部冲击冰压力或力。另外，也有学者通过测量和收集结构的永久变形或损伤数据来推测极地航行船所经历的最大冰载荷。Suominen 等[21]针对芬兰的"S. A. Agulhas Ⅱ"号极地运输船，利用应变传感器测量了在破冰航行中船体首肩和尾肩区域外板的正应变和肋骨的剪切应变，采用影响系数矩阵法识别冰载荷，并使用3种载荷离散方式研究了区域划分对冰载荷识别的影响。Suyuthi等[22]和Leira等[23]针对挪威的"KV Svalbard"号破冰船，使用光纤光栅传感器对船首和船肩区域肋骨的剪切应变进行了测量，通过计算剪应力来识别冰载荷，并对识别到的冰载荷进行了统计分析。季顺迎等[24]针对"雪龙"号极地科考船，分析了船-冰作用下的船首振动和冰载荷。

　　虽然实船试验能更真实地反映出冰载荷的幅值，但是受测试环境因素的影响较大，无法准确掌握和控制海冰的冰情，且在实船结构上布置安装测量仪器较为困难，导致试验可重复性较低，难以获得用于支撑极地船舶设计的有效冰载荷。

1.4　冰载荷预报问题难点

　　冰载荷是极地船舶的首要环境载荷设计输入参数，根据海冰对船舶结构作用范围的不同，可将冰载荷划分为总体冰载荷与局部冰载荷。

1.4.1　总体冰载荷

　　总体冰载荷是指作用于整个船体上的冰载荷，是影响极地船舶破冰性能的重要因素。总体冰载荷的大小直接受海冰环境的影响，也与船舶的破冰方式及航速有一定的关系。当船舶航行在冰情较严重的海域时，其总体冰载荷较大，且随航速的增加而增大。

　　极地船舶通常采用连续式破冰和冲撞式破冰两种破冰方式。

　　连续式破冰主要是破冰船依靠自身的重力破冰。由于破冰过程的间断性和不均匀性，船舶所受总体冰载荷随时间变化而波动，这是冰载荷预报问题的难点与重点。

　　冲撞式破冰应用于破冰船破冰区域的冰厚度超过其设计破冰能力的情况。破冰船采用一定的速度向冰层驶去，用船体运动的能量和坚固的破冰船首撞碎冰层。此时，总体冰载荷集中于船首，船舶会有较大纵倾。当采用冲撞式破冰进行破冰作业时，船速对总体冰载荷的影响很大。若船速较低，则船体所受到的总体冰载荷较小，但同时破冰效率也会降低。因此，采用冲撞式破冰时要综合考虑破冰效率与船体结构损伤两方面因素。

1.4.2　局部冰载荷

　　局部冰载荷是作用在船体特定位置上的冰载荷。极地船舶在冰区航行过程中会与海冰发生碰撞，长时间的冰区航行会使船体结构受到持续、反复的冰载荷，尤其是船舶的首部、尾肩、螺旋桨与海冰频繁接触，容易引起局部结构的疲劳损伤与破坏，需要格外关注这些部位的外板、肋骨及纵桁等局部结构的冰载荷。

船首结构在破冰过程中一直与海冰直接接触，受到的冲击载荷最为明显。当船首外板和加强肋骨的累积变形达到一定程度时，船首碰撞区域会发生外板破裂及肋骨失效断裂的情况。

极地船舶在冰区航行时螺旋桨上的冰载荷也需要格外注意。螺旋桨浸入水中深度较浅，碎冰会随着水流沿着船底和船侧来到船尾，螺旋桨受到冰块的冲击载荷，对螺旋桨叶片造成严重损伤，会使叶梢及叶缘部位发生严重变形。

对船体所受冰载荷的准确预报是船体结构设计的关键部分。但当前对冰载荷的研究仍主要为确定性分析，并未考虑海冰参数的随机性及冰载荷的随机特性，这也是极地工程冰载荷预报的难点。

1.5 小 结

本章对极地海冰和极地海洋结构物进行了简要介绍，并对近年来极地工程冰载荷的研究进行了归纳总结。在常用的冰载荷研究方法中，实船试验最为可靠，但成本高，试验难度大。模型实验可以有效地再现海冰与结构作用过程中的许多特性，但是由于尺度效应，实验结果向实船的换算仍存在较大误差。经验公式计算简单，但往往涉及大量简化和假设，适用性不强。目前，数值方法因其成本低、可重复性高的特点而广泛应用于冰载荷研究中，本书所介绍的环向裂纹法就是一种基于解析公式的数值模拟方法。

参 考 文 献

[1] Liu Z. Analytical and numerical analysis of iceberg collisions with ship structures[D]. Trondheim: Norwegian University of Science and Technology, 2012.

[2] 徐双东. 极地航行 LNG 船与海冰相互作用结构动力性能及结构抗撞性能研究[D]. 上海: 上海交通大学, 2017.

[3] Engelbrektson A, Janson J E. Field observations of ice action on concrete structures in the Baltic Sea[J]. Concrete International, 1985, 7(8): 48-52.

[4] Cornett A, Timco G. Ice-induced vibrations of the Molikpaq[C]. Proceedings 8th International Conference on the Behaviour of Offshore Structures, BOSS97, 1997: 229-243.

[5] Runeberg R. Steamers for winter navigation and ice-breaking (including plate at back of volume)[J]. Minutes of the Proceedings of the Institution of Civil Engineers, 1900, 140(1900):

109-123.

[6] Lindqvist G. A straightforward method for calculation of ice resistance of ships[C]. Proceedings of POAC 1989, Lulea, 1989: 722-735.

[7] Riska K. Performance of Merchant Vessels in Ice in the Baltic[M]. Espoo: Helsinki University of Technology, Ship Laboratory, 1997.

[8] Keinonen A, Browne R P. Icebreaker performance prediction[C]. Proceedings of the 1st International Offshore and Polar Engineering Conference, Edinburgh, 1991: 562-570.

[9] Vance G P. Analysis of the performance of a 140-foot great lakes icebreaker: USCGC Katmai Bay[R]. Hanover: U. S. Army Cold Regions Research and Engineering Laboratory, 1980.

[10] Seong Y J, Kyungsik C, Seong R C, et al. A study of the resistance prediction method in level ice[C]. Proceedings of the 22nd International Conference on Port and Ocean Engineering under Arctic Conditions, Espoo, 2013.

[11] Seong R C, Seong Y J, Sungsu L, et al. Development of a prediction formula for ship resistance in level ice[C]. Proceedings of the ASME 2014 33rd International Conference on Ocean, Offshore and Arctic Engineering OMAE2014, San Francisco, 2014.

[12] Seong Y J, Chun J L, Seong R C. Ice resistance prediction for standard icebreaker model ship[C]. Proceedings of the Twentieth（2010）International Offshore and Polar Engineering Conference, Beijing, 2010: 1300-1304.

[13] Jebaraj C, Swamidas A S J, Shih L Y. Numerical modelling of ship/ice interaction[C]. Offshore & Arctic Operations Symposium, Houston, 1989,（3）: 310-318.

[14] Wang B, Yu H C, Basu R. Ship and ice collision modeling and strength evaluation of LNG ship structure[C]. Proceedings of ASME 2008 27th International Conference on Offshore Mechanics and Arctic Engineering, Estoril, 2008: 911-918.

[15] 冯炎, 李辉. 基于层冰周期性破碎特性的连续式破冰数值模型研究[C]. 2019 年船舶结构力学学术会议, 武汉, 2019: 515-521.

[16] 季顺迎, 狄少丞, 李正, 等. 海冰与直立结构相互作用的离散单元数值模拟[J]. 工程力学, 2013, 30（1）: 463-469.

[17] Liu M H, Wang Q, Lu W. Peridynamic simulation of brittle-ice crushed by a vertical structure[J]. International Journal of Naval Architecture and Ocean Engineering, 2017, 9（2）: 209-218.

[18] 金江杰, 周利, 丁仕风. 基于环向裂纹法的气垫平台破冰载荷数值模拟[J]. 船舶力学, 2021, 25（8）: 1086-1094.

[19] 周利, 刁峰, 孙向东, 等. 基于环向裂纹法的冰区船舶破冰载荷数值模拟[C]. 第十九届中国海洋（岸）工程学术讨论会, 舟山, 2019: 191-196.

[20] 张东江, 吴刚. 冰水池模型试验内容对比[J]. 船舶工程, 2022, 44（6）: 26-36.

[21] Suominen M, Karhunen J, Bekker A, et al. Full-scale measurements on-board PSRV S. A. Agulhas II in the Baltic Sea[C]. 22nd International Conference on Port and Ocean Engineering under Arctic Conditions, Espoo, 2013.

[22] Suyuthi A, Leira B J, Riska K. A generalized probabilistic model of ice load peaks on ship hulls

in broken-ice fields[J]. Cold Regions Science and Technology, 2014, 97: 7-20.

[23] Leira B, Brsheim L, Espeland Ø, et al. Ice-load estimation for a ship hull based on continuous response monitoring[J]. Proceedings of the Institution of Mechanical Engineers, Part M: Journal of Engineering for the Maritime Environment, 2009, 223 (4): 529-540.

[24] 季顺迎, 雷瑞波, 李春花, 等. "雪龙"号科考船在冰区航行的船体振动测量研究[J]. 极地研究, 2017, 29 (4): 427-435.

第2章 海冰基本特性与失效模式

在海冰的数值模拟和冰阻力预报中，针对海冰基本特性与失效模式的研究是必不可少的一个环节。受海冰独特的几何特征、物理特性和力学特性的影响，极地海冰的压溃、压屈、弯曲、剪切失效过程十分复杂。本章主要介绍极地海冰厚度、密集度、形态及尺度等几何特征，针对极地海冰弯曲、压溃、压屈和剪切失效模式，分析海冰的挤压、浸没、摩擦和结冰载荷，同时也介绍海冰环向裂纹法的输入参数。

2.1 海冰基本特性

2.1.1 几何特征

1. 海冰厚度

海冰厚度是最重要的工程参数之一，直接影响结构物承受的冰载荷大小。当年冰的厚度直接受环境空气温度、冻结时间(即寒冷季节的时长)、雪的类型和厚度、风速、海洋热通量及表面辐射平衡的影响。北极冰比温带气候中形成的冰更厚，这主要是由于环境空气温度、冻结时间两个因素的差异。

当年冰的冰盖预期厚度可以通过冰冻度方法来估算。假定整个系统处于稳态，并且水和冰之间的传热可忽略不计，则增长率由冰水界面处的能量平衡决定：

$$\varphi_i dt = \rho_i L_i dh_i \tag{2.1}$$

式中，φ_i 是从冰到空气的热通量；ρ_i 是冰的密度；L_i 是冰融化的潜热；t 是时间；h_i 是冰的厚度。如果进一步假设冰上表面温度与空气温度相同，则有

$$\varphi_i = k_i (T_b - T_a) h_i \tag{2.2}$$

式中，T_b 和 T_a 分别是冰盖底部和顶部的温度(T_a 也是空气温度，单位为℃)；k_i 是冰的热导率。

借助式(2.2)对式(2.1)进行积分，并在 $t = 0$ 时令 $h_i = 0$，得到

$$h_i = (2k_i / \rho_i L_i)^{0.5} [(T_a - T_b)t]^{0.5} \tag{2.3}$$

式(2.3)通常称为 Stefan 方程。由于空气温度会随时间变化，该方程在应用时

可使用待求区域的冻结天数之和，即 $\sum(T_b - T_a)t$。

推导过程中的一系列假设，使得直接应用该方程总是会过高地预测冰层的厚度。这是由于推导过程没有考虑积雪、风速和海洋热通量的影响。积雪会使冰的上表面隔热，从而使上表面温度高于空气温度；风速会影响冰表面的传热速率；海洋热通量会影响生长界面处的热传递。因此，应用该方程时通常使用经验因子 α 来消除这些影响，将该方程变为

$$h_i = 0.035\alpha(2k_i/\rho_i L_i)^{0.5}[(T_a - T_b)t]^{0.5} \tag{2.4}$$

式中，h_i 以 m 为单位；t 以 d 为单位；α 的值始终小于 1。该方程主要是用来描述冰的热力学生长的，不考虑由机械变形引起的冰的厚度变化。其对热力学生长的适用性极限约为 2m，即当年冰厚度范围。多年冰的厚度通常是热增长和机械固结共同作用的结果。Kwok 和 Rothrock[1] 的调查发现，在过去几十年里，北冰洋的冰层厚度急剧减小。他们使用了潜艇和 ICESat 的记录，发现 1980～2008 年平均冰层厚度由 3.64m 下降至 1.89m，该测量区域不包括沿海地区。Eicken 等[2] 在北冰洋欧亚大陆段测得的多年冰的平均厚度为 2.86m。

2. 海冰密集度

海冰密集度是指冰群在海面上的覆盖量，是海冰覆盖面积与海区总面积之比，表示该海区浮冰的覆盖程度，通常采用十分法，见表 2-1。

表 2-1　海冰密集度定义方法与可航行性

海冰密集度	解释	可航行性
0/10	无冰 (ice free)	自由航行
<1/10	开敞水域 (open water)	
1/10～3/10	散冰 (very open drift)	可以按预定航向避冰航行
4/10～6/10	疏冰 (open drift)	航行有障碍
7/10～8/10	密冰 (close pack)	
9/10	集冰 (very close pack)	
*9/10	满冰 (compact ice)	无破冰船支援难以单独航行
10/10	坚冰 (consolidated ice)	

注：表格参考《极地船舶指南》[3]。集冰指密集度为 9/10 的浮冰；满冰（记为*9/10）指密集度接近 10/10 且看不到海水的浮冰；坚冰指密集度为 10/10 且相互冻结在一起的浮冰。

3. 海冰形态及尺度

海冰按其形态特征可分为平整冰、重叠冰、冰脊、碎冰、冰山等，主要形态

如图 2-1 所示。

图 2-1　海冰形态示意图

　　平整冰的冰面比较平整，未受到变形作用影响或只有冰瘤或冰块挤压冻结的痕迹。重叠冰是一种变形冰，由多块平整冰相互重叠形成，但重叠面的倾斜度不大。冰脊是碎冰在挤压力的作用下在水平面上下堆积形成的一排山脊状的堆积冰，其中受压被迫向下挤到冰脊底部的浸水部分称为龙骨。碎冰是指在水面出现的不规则形状的冰块，如由冰层相互挤压或破冰船碾压破坏形成的破碎冰体。冰山是冰架断裂、崩塌后入海形成的高出海面 5m 以上的巨大流冰，其形态多样，有平顶、尖顶、圆顶、坡状、U 形槽状等。

　　极地海洋环境和气象条件具有较强的不确定性，导致海冰形成初期的形态差别较大而尺度较小。其主要形态及尺度特征可参考 1.1 节，由于这类形成之初的海冰并非环向裂纹法的主要研究对象，所以在此不进行详细介绍。

2.1.2　物理特性

1. 冰密度

　　海冰的密度随盐度的增加和空气含量的减少而增大，新冰的密度为 0.914～0.915g/cm³，随着冰龄的增长，冰中卤水渗出，密度则逐渐减小。在夏末时，海冰密度可降至 0.860g/cm³ 左右。由于海冰密度比海水小，所以海冰总是浮在海面上。

　　海冰密度在极地工程研究方面有两种应用场景：第一种是冰不处于海水中的

情况，此时冰块的密度和大小决定了冰的重量。这种情况可以应用在当冰沿着圆锥形结构的表面滑行时，冰的重量会对结构物施加载荷的场合。同样，天然冰的堆积高度由冰的密度、冰的厚度和冰的驱动力决定。在此种情况下，冰密度的微小变化不会在很大程度上改变载荷或堆积高度。第二种是冰向下进入海水中的情况，浮力与冰和海水之间的密度差成正比，密度上的微小差距可以导致浮力的较大差异。这种情况可影响冰与船舶螺旋桨相互作用的可能性。

目前，已有四种不同的用于测量海冰密度的方法，即质量/体积法、位移法、比重法及船舷和冰厚法。Pounder 和 Stalinski[4]的研究表明，当年冰的密度变化范围很广，为 0.72～0.94g/cm³。该文献中密度的平均值约为 0.91g/cm³。数值分散的原因可能是所用的测量技术导致的，也可能是真实情况就是如此。当年冰的原位密度的精确测量值，对于水线以上的冰为 0.84～0.91g/cm³，对于水线以下的冰则为 0.90～0.94g/cm³。对于水线以下的冰，当年冰和多年冰的原位密度差异很小，但水线以上的样本显示密度差异很大(0.72～0.91g/cm³)，多年冰的原位密度更低。

Hibler 等[5]和 Ackley 等[6]于 1971～1972 年在 AIDJEX(Arctic Ice Dynamics Joint Experiment)站对多年冰进行了详细的冰密度曲线测量。完整冰盖的平均密度的测量值为 0.910～0.915g/cm³。他们还发现，多年冰干舷越高，平均密度值越低，即

$$\rho_i = -0.194f + 0.974 \tag{2.5}$$

式中，ρ_i 的单位为 g/cm³；f 是干舷，单位为 m。

2. 盐度、孔隙率与卤水体积

海冰的盐度(S_i)通常表示为单位质量中所含盐的质量分数，它以几克盐/千克海水来表示，即千分之几。海冰的盐度通常受冻结前海水的盐度、海冰冻结的速度及海冰冰龄等因素的影响，一般地，海冰的盐度为 3‰～7‰。冻结前海水的盐度越高、结冰速度越快，海冰的盐度越高。在冰层中，由于下层结冰的速度比上层要慢，故海冰的盐度随深度的增大而降低。当海冰经历夏季时，冰面融化的同时会使冰中卤水流出，导致盐度降低，所以在极地的多年冰中，盐度几乎为零。

孔隙率表示海冰内各种杂质(卤水、气泡、固体盐等成分)的总体积与冰块的总体积之比。在海冰物理学中，当冰内气泡、固体盐的体积远远小于卤水体积时，常用卤水体积代表海冰的孔隙率来描述海冰的物理特性。

冰的盐度通常通过以下方法来测量：取一个海冰芯，然后快速将其切成离散的碎片，将碎片放在单独的气密容器中，然后融化冰块。融化后，通过盐度计测

量融化后水的电导率，并根据其电导率和温度获得盐度值。这种方法为冰的特定垂直部分提供了冰盐度平均值。该方法操作时的速度至关重要，因为一旦从冰盖上取下冰芯，卤水就开始从冰中排出。

Cox 和 Weeks[7]研究发现，海冰中的盐度通常会随着深度的变化而变化。盐分会向下穿过冰层，因此即使在少量的冰试样中，盐度也会有明显的变化。在多数情况下，盐度曲线的平均值用作冰层盐度的第一近似值。Cox 和 Weeks[8]的另一研究表明，正在生长的海冰的平均盐度与冰的厚度存在一致的变化。Kovacs[9]拓展了 Cox 和 Weeks 的研究，并开发了一个通用公式，将冰的总盐度与其厚度联系起来，即

$$S_i = 4.606 + (91.603 / h_i) \tag{2.6}$$

冰的厚度以 m 为单位，且最大值不能超过 2m。该方法假设整个冰盖的盐度没有变化，这对海冰来说是一个合理的第一近似值。需要注意的是，该方程式不适用于春季变暖的冰（即衰减的冰），也不适用于二年冰或多年冰。在这些情况下，大部分盐已从冰中排出，盐度则低得多，通常为 0.5‰～4‰。

不仅研究海冰中的卤水量十分重要，研究海冰中存在的气体量也很重要。尤其是当卤水排空时，海冰中的空气量可能很大，多年冰暴露在海平面以上的部分尤其如此。因此，通常将冰的孔隙率表示为总孔隙率 v_T。

$$v_T = v_s + v_a \tag{2.7}$$

式中，v_s 是相对卤水量；v_a 是相对气体量。可在 Cox 和 Weeks 的研究中找到计算总孔隙率的方程式。

由于气温升高和太阳辐射，海冰在春季和初夏迅速消退。与这种消退相关的是会导致冰强度和厚度减小。当温度升高到-8℃时，冰中存在的大部分固体盐会溶解回到液态。随着周围空气温度的进一步升高，盐泡的尺寸迅速增大，相互连接并形成"卤水排放通道"。Eicken 等[2]发现卤水排放通道增强了冰的渗透性，Lake 和 Lewis[10]、Cole 和 Shapiro[11]发现冰的渗透性导致冰的脱盐。较高的温度还经常导致在春末和夏季形成冰上融池。在所有这些因素的共同作用下，产生了既薄又脆弱的冰。

Kovacs[9]还对多年冰的盐度值进行了汇总，并得出整体盐度与浮冰厚度（h_{F_i}）之间的关系，为

$$S_i = 1.85 + (80217.9 / h_{F_i}^2) \tag{2.8}$$

浮冰的厚度以 m 为单位，最大约为 9m。厚度为 2～4m 的多年冰的平均盐度测量值为 1.5‰～5‰。对于较厚的浮冰，平均盐度降低到 1.5‰～2‰。

3. 比热容与温度

海冰的比热容通常比纯水冰大，且随盐度的升高而增大。纯水冰的比热容受温度的影响不大，而海冰的比热容则随温度的降低有所降低。在低温时，含卤水少，因此海水的比热容随温度和盐度的变化都不大，接近于纯水冰的比热容。但在高温时，特别是在冰点附近(-2℃)，海冰中的卤水随温度的升降发生相变，即降温时卤水中的纯水结冰析出，升温时冰融化进入卤水之中，从而使卤水的比热容分别减小和增大，减小和增大值因海冰盐度的不同而差异明显，低盐度时海冰比热容小，而高盐度时海冰比热容将比纯水冰的比热容大数倍甚至十几倍。

2.1.3　力学特性

1. 单轴拉压强度

海冰的拉压强度(拉伸强度和压缩强度)是冰载荷理论计算中的重要参数。该方向也是我国海冰力学特性研究过程中较早开展和最受关注的项目之一。通过海冰的单轴拉伸和压缩试验可以测得海冰的拉压强度。理论上，海冰材料的强度应定义为材料开始产生基本破坏时的应力，但是海冰是一种复杂的天然复合材料，在压缩载荷增加的同时，内部缺陷的扩展也在发生，直至最后破碎，均不存在明显的破坏点，而且很难在试验中测量其破坏应力，所以在工程计算中，通常直接将通过试验获得的极限拉压强度作为海冰的拉压强度，而不考虑内部微观结构的破损。在计算时，用载荷-时间曲线的最大载荷除以试样的横截面积得到的应力即为拉压强度。

海冰的拉压强度受到加载速度、晶体结构、加载方向及温度、卤水体积等因素的影响。对于当年柱状海冰(S 形冰)，其本身晶体结构的各向异性使加载方向对其拉压强度有明显影响，而多年冰趋于各向同性，加载方向的影响不再明显。海冰对于应变率非常敏感。图 2-2 为海冰在不同应变率下的韧脆转变示意图。在低应变率时，海冰压缩强度随加载速率的增大而逐渐增大，试样表现出黏弹性或塑性性质，其特征是经历一较小准弹性变形后出现明显的塑性流动，这时海冰的破坏模式主要呈现韧性破坏，当应变率很小时，属于蠕变范畴。当加载速率增加并超过一定值时，海冰压缩强度就开始随加载速率的增大而减小，开始呈现脆性破坏，此时破坏应变很小，应力-应变曲线接近于直线，应力达到极限强度时即发生破坏，材料的性能可以认为主要受到弹性控制。海冰具有韧脆转变特性，确定韧脆过渡区一直是工程上较为关心的问题。随着温度的降低，韧脆转变点对应的应变率逐渐减小。温度对于海冰拉压强度有显著的影响，一般来说，其拉压强度随温度的降低而升高。海冰的拉伸强度很低，远小于其压缩强度，因此冰材料试样在加工、存储、试验阶段必须非常小心，避免造成试样的过早断裂和破损。对于拉伸试验，由于在试验中试样的晶体结构及试样加工的初始裂纹等因素对拉伸强度易产生较大的影响，同时拉伸试验对试样的制备和保存要求较高，所以只有在一些特定应变率范围内可以找到两者的关系，绝大多数情况下的试验结果呈现出十分严重的离散性。

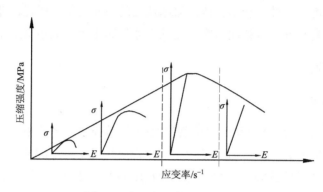

图 2-2　海冰的韧脆转变示意图

σ 为应力（MPa），E 为应变

2. 弯曲强度

海冰的弯曲强度是海洋工程设计中至关重要的技术指标，因此成为海冰力学研究的重点之一。弯曲试验是测量海冰弯曲强度的主要方法，但试验过程中会产生不均匀的应力场，因此需要假定材料的力学特性均匀，应用弹性梁理论来解释测试结果。弯曲强度可视为一种工程指标，其测量结果容易受到试样尺寸、测量方法等因素的影响。悬臂梁测试和简支梁测试是测量弯曲强度的两种常用方法。原位悬臂梁测试相对容易操作，且能保持冰盖中的温度梯度，而简支梁测试则需要将冰切成较小的冰块试样进行测试。因此，在海冰力学研究中，选择合适的测试方法和考虑影响因素，对于准确测量海冰弯曲强度具有重要意义。国际水利与环境工程学会（International Association for Hydro-Environment Engineering and Research, IAHR）制定了一些确定冰的弯曲强度的准则。由于当年冰呈现出各向异性，加载方向会影响其弯曲强度，一般来说，平行于结晶方向的弯曲强度要大于垂直于结晶方向的弯曲强度。

弯曲强度的重要性在于，很多海冰的破坏都是在弯曲过程中发生的，如压力脊形成和破冰船破冰。因此，测试弯曲强度的结果是实际应用场景下的一个合理的近似值。这项测试还可以使用便携设备进行实地测量，非常灵活，研究人员可以在不同的强度条件下取样，进行水平方向和垂直方向的测试。

海冰的弯曲强度与卤水的体积或冰的总孔隙率也有关联。通常认为，随着冰中总孔隙率的增加，弯曲强度会降低，因为加载时破坏的固态冰因孔隙率的增加而减少。Timco 和 O'Brien[12]的研究表明，当年冰的弯曲强度与卤水体积的关系可以通过以下方程来描述：

$$\sigma_f = 1.76\exp(-5.88v_b^{0.5}) \tag{2.9}$$

式中，σ_f 是冰的弯曲强度，单位为 MPa；v_b 是卤水体积，用卤水体积分数表示。

该方程中冰的卤水体积使用平均卤水体积，可由冰的平均温度和盐度确定。因此，要计算弯曲强度，只需知道冰的平均温度和盐度即可。必须强调的是，这种关系仅对正在生长的寒冷天气下的冰有效。在春季，随着冰开始消融，冰内部的卤水通道网络开始相互连接，卤水会从冰中流失。这样的温暖情况下的冰具有开放的内部结构，因此即使盐浓度低，也具有高孔隙率。对于温暖气候下的冰，其表面有水，上述公式并不适用。在这种情况下，冰中的卤水流失很多，并且弯曲强度值为 100～150kPa。

关于多年冰的弯曲强度的测量很少，但可以推断的是，与当年冰相比，多年冰的盐度低，因此在相同温度下的弯曲强度比当年冰高，由于存在一些盐分，多年冰的弯曲强度值不会像淡水冰那样高。因此，多年冰的弯曲强度的估计值在冬季为 0.8～1.1MPa，在夏季为 0.4～0.6MPa。

3. 剪切强度

剪切强度是海冰的主要材料属性之一，尤其对于建立三维海冰破裂准则，其重要性不言而喻。然而，由于海冰材料的特殊性，目前世界范围内尚无统一标准来衡量海冰的剪切强度，一般需要参考土力学剪切试验方法进行研究。海冰的剪切强度受到多种因素的影响，如温度、加载方向、应变率、盐度和晶体结构等。其中，温度和应变率是影响海冰剪切强度的关键因素。实验表明，温度越低，海冰的剪切强度越大，这是因为海冰的破裂机理受到温度的影响，冰温较高时，呈现韧性破坏，剪切强度较低；冰温较低时，呈现脆性破坏，剪切强度较高。另外，海冰中的盐度也会对其剪切强度产生影响，盐度越高，海冰的剪切强度越小。在工程实践中，海冰的剪切强度通常受到海冰拉伸强度的影响，并呈现出拉伸破坏形式，相应地，在不同方向上加载会产生不同剪切强度的结果。

　　针对海冰剪切强度的试验相对较少，且集中于当年冰。Butkovich[13]用双剪切装置进行了剪切强度测试，其试样由当年冰的冰芯(盐度为 6‰)制成，平均剪切强度在–7～–5℃的温度范围内为 1600kPa，在–13～–10℃的温度范围内为2300kPa。Pounder 和 Little[14]对不同温度和晶粒结构的海冰进行了单次直接剪切试验，得出的剪切强度为 20～1000kPa，北极夏季冰剪切强度的范围为 650～850kPa。Dykins[15]使用实验室制成的柱状盐冰，测得了 100～250kPa 的剪切强度。

　　上述测量结果存在一个共性问题，即破坏平面上的法向应力不确定。Frederking 和 Timco[16]利用非对称四点弯曲系统在海冰样本中产生剪切破坏，测得的平均剪切强度为(550±120)kPa，测试时温度为(–13±2)℃，盐度为 4.2‰±0.5‰。Frederking 和 Timco[17]测量了柱状海冰的剪切强度，测得的剪切强度为550～900kPa。他们发现，温度较高时，剪切强度较低，而总孔隙率与强度改变的相关性要比单独使用卤水的情况更好。通常，水平剪切强度值高于剪切破坏垂直取向时测得的值。Frederking 等[18]将其结果与 Paige 和 Lee[19]的结果相结合，发现对于圆柱状冰的垂直剪切强度 σ_s(单位为 kPa)可以表示为

$$\sigma_s = 1500\left(1 - \sqrt{\frac{v_T}{390}}\right) \tag{2.10}$$

式中，v_T 是总孔隙率，单位为‰。

　　总体而言，测得的海冰剪切强度存在很大的分散性。此外，许多测试结果是使用不切实际的法向应力施加到破坏平面上获得的。对于粒状海冰，更可靠的测试获得的剪切强度为 400～700kPa；对于柱状海冰，剪切强度为 550～900kPa。冰倾向于破裂而不是流动，因此剪切强度实际上由冰的抗拉强度决定。大多数海冰工程问题都是在较高的加载速率下发生的，抗压强度远高于抗拉强度。因此，施加有剪切条件的力的冰将会发生拉伸破坏而不是剪切破坏。

4. 海冰蠕变

　　海冰的长期变形或蠕变在许多工程领域中具有重要意义。例如，受热膨胀影响的冰盖会对海上结构产生载荷，而这些载荷则由海冰的蠕变特性控制。在通常情况下，海冰的蠕变失效是延性的。另外，冰盖的承载能力则由与弯曲蠕变有关的特性控制。海冰蠕变的应用包括在冰盖上着陆飞机、浮冰钻台、冰道及在冰盖上存储材料等。在这些情况下，将海冰保持在非脆性状态非常重要，因为脆性破坏的后果往往是灾难性的。因此，在海冰力学研究中，深入探究海冰的蠕变特性及如何保持海冰的非脆性状态，对于工程应用具有重要意义。

海冰蠕变的测量通常是将材料置于恒定应力或恒定载荷下，再监测其随时间的变形情况。尽管海冰蠕变的测量很重要，但在海冰上直接进行蠕变的测量较少。这主要是由于要在天然海冰上进行长期测试且在测试期间避免大量盐水流失是非常困难的。这意味着，尽管在测试过程中总孔隙体积可能基本保持不变，但试样中的空气体积与卤水体积之比将不断增加。进行测试的另一个难点是测量涉及控制蠕变的众多因素，以及阐明每个因素要花费大量时间。

Sinha[20]总结了四种对多晶冰很重要的变形机制：①原子长度变化引起的弹性变形；②晶粒边界滑动引起的延迟弹性；③晶粒内位错运动引起的黏性变形；④冰中微裂纹引起的变形。

冰中的总应变通常被认为是单独应变分量的总和，即

$$\varepsilon_{ij}^{\mathrm{T}} = \varepsilon_{ij}^{\mathrm{e}} + \varepsilon_{ij}^{\mathrm{d}} + \varepsilon_{ij}^{\mathrm{Tv}} + \varepsilon_{ij}^{\mathrm{c}} \tag{2.11}$$

式中，$\varepsilon_{ij}^{\mathrm{T}}$ 为总应变；$\varepsilon_{ij}^{\mathrm{e}}$ 为弹性应变；$\varepsilon_{ij}^{\mathrm{d}}$ 为延迟弹性应变；$\varepsilon_{ij}^{\mathrm{Tv}}$ 为黏性应变；$\varepsilon_{ij}^{\mathrm{c}}$ 为由开裂引起的应变。由于冰是各向异性材料，这里采用应变张量 ε_{ij}。

延迟弹性响应在应变相对较小的情况下尤为重要。延迟弹性产生的应变不是永久性的，尽管移除载荷后延迟弹性应变可以完全恢复，但是恢复不是瞬时的。这种延迟弹性蠕变有时被称为初级蠕变或可恢复蠕变。等式中的第三项代表冰的黏性应变 $\varepsilon_{ij}^{\mathrm{Tv}}$，亦称黏性蠕变、次级蠕变，是永久性的、不可恢复的变形。当延迟弹性应变率接近零时，黏性应变将十分明显。当发生黏性应变时，黏性应变率开始占主导地位，Glen[21]通过大量的室内实验提出了蠕变过程中应变率与应变的依赖关系为 $\dot{\varepsilon}_{\mathrm{v}}(t) = B\sigma^n$，其中 $\dot{\varepsilon}_{\mathrm{v}}$ 为应变率，B 主要取决于温度和冰的类型，σ 指应力，指数 n 的值通常取为 3，该公式称为格伦定律（Glen's Law）。长时间的压缩载荷会导致晶粒的再排列和再结晶，使晶粒尺寸变大。再结晶时，微裂纹开始在晶界形成，进而导致大量微裂纹聚结并引起变形速率加快。上述情形反映的是式(2.11)中的 $\varepsilon_{ij}^{\mathrm{c}}$。

5. 弹性和应变模量

海冰弹性行为期间的应力 σ 与应变 ε 之比称为材料的弹性模量 E，即 $\sigma=E\varepsilon$。关于海冰的弹性模量参数，存在很多混淆。海冰的纯弹性模量与冰网格内的弹性位移有关。可以通过测量冰盖中弹性波的传播速度或通过测量小型冰试样中的超声波速度来确定弹性模量。然而，弹性模量的任何机械测量值都不是真正的弹性模量。因此，在这种情况下，弹性模量是不正确的。部分学者已经注意到了这一点，他们将实际观测到的应力与应变之比表示为有效模量或应变模量。可以发现，

弹性模量始终高于应变模量。因此，在海冰力学研究中，需要注意弹性模量参数的正确理解和测量方法，以确保准确评估海冰的弹性特性。

Weeks 和 Assur[22]研究了弹性模量的现场振动确定法。当通过弯曲波的速度测量时，测量值为 1.7～5.7GPa；当通过体波的速度测量时，测量值为 1.7～9.1GPa。这种测量值的差异是合理的，因为弯曲波的速度由冰盖的整体特性控制，而体波的速度由冰中温度较低、盐分较少且位于上部更坚硬的高速通道控制。随着温度的降低和卤水体积的减小，弹性模量显著增加。可以预料的是，诸如纵向板波(plate wave)速度之类的弹性参数会有明显的季节性变化。Hunkins[23]收集的数据清楚地表明了这一点，他记录了一年中北冰洋中浮冰的系统速度的变化，在 8 月速度最低，大约为 2.3km/s，在 2 月末速度最高，大约为 3.2km/s。

弹性模量的大多数动态测量值都可以由从冰盖上采集的海冰试样确定。要注意的是，低卤水体积下的弹性模量通常为 9～10GPa。这些值类似于高载荷率下淡水冰的值。还要注意的是，弹性模量与卤水体积(v_b)具有以下关系：

$$E = 10 - 0.0351v_b \tag{2.12}$$

弹性模量的静态测量值比动态测量值更易变且难以解释。这是因为海冰在有限的时间段内承受较大的应力时，始终会表现出黏弹性。尽管如此，这些有效模量值仍适用于大多数工程问题，如结构上的承载力或冰力。一般来说，测得的有效模量的值较分散，但随着卤水量的增加，有效模量会降低，有效模量的典型测试值的范围为 1～5GPa。有效模量的值随着加载率的增加而增加，并在非常高的加载率下开始接近弹性模量的值。

6. 泊松比

泊松比(v)定义为在单轴加载条件下均质材料中的横向应变与纵向应变之比。泊松比是一项重要的工程特性，却很少受到关注。与模量相似，海冰黏弹性也影响着泊松比。因此，除非使用仅涉及弹性响应的高频技术测量该值，否则将测量值称为有效泊松比更为合适。

高频测量通常通过在冰盖上使用地震方法或对冰芯进行超声测量来完成。Langleben 和 Pounder 测量了冰芯的脉冲速度和共振，并使用弹性理论确定了泊松比的值，其平均值为 0.295±0.009。Weeks 和 Assur[22]分析了 Lin′kov[24]的研究结果，并对海冰的动态泊松比(v_D)提出了以下方程式：

$$v_D = 0.333 + 0.06105\exp(T_i/5.48) \tag{2.13}$$

式中，T_i 是冰的温度，单位为℃。Sinha[25]分析了已公布的泊松比测量结果，并得出以下结论：如果海冰的粒径为 0.5mm，则需要数兆赫兹的测量频率才能获得弹性分量；如果冰粒较粗，则可以使用较低的测量频率。Murat 和 Lainey[26]测量了弯曲载荷下的简单支撑梁的纵向应变和横向应变。试验是在平均盐度为 5‰ 的 S2 型柱状冰上，且在不同的温度和加载速率下进行的，发现泊松比随着应力率的增加和温度的降低而减小。他们表明，在 0.01MPa/s 的应力率下泊松比为 0.48，在应力率为 0.6MPa/s 时，泊松比减小到 0.35～0.4。此外，他们提出了以下有效泊松比（ν_E）公式：

$$\nu_E = 0.24(\dot{\sigma}/\dot{\sigma}_1)^{-0.29} + \nu_D \tag{2.14}$$

式中，$\dot{\sigma}$ 是应力率；$\dot{\sigma}_1$ 是单位应力率。

Murat 和 Lainey[26]还假设应变率可以近似为应力率除以有效模量，然后，式（2.14）变为

$$\nu_E = 0.0024(\dot{\varepsilon}/\dot{\varepsilon}_1)^{-0.29} + \nu_D \tag{2.15}$$

式中，$\dot{\varepsilon}$ 是应变率；$\dot{\varepsilon}_1$ 是单位应变率（$1s^{-1}$）。他们建议对于短期承载能力的计算（50kPa/s），有效泊松比 0.42 比动态值 0.33 更加适合。因为在工程应用中，泊松比经常超过 0.33 的一个原因是蠕变变形有助于测量应变。

目前，对于海冰的有效泊松比的研究还比较有限，而影响其值的因素非常复杂，包括但不限于加载率、温度、晶粒尺寸、晶粒结构、加载方向及微裂纹状态等。因此，需要更多的研究来深入探究这些参数对泊松比的影响，以便更好地理解海冰的力学性能。

7. 断裂韧性

断裂韧性（K_C）是描述使已知尺寸的裂纹扩展所需应力的材料特性。在平面应变状态下，断裂韧性与应变能释放速率（G）的关系可表示为

$$K_{IC}^2 = GE/(1-\nu^2) \tag{2.16}$$

式中，E 是弹性模量；ν 是泊松比；K_{IC} 的下标"I"是指 I 型失效模式，即裂纹表面沿垂直于裂纹面的方向张开。

断裂韧性通常通过四点梁几何法来测量。在进行测试时，沿着梁的中心在其厚度的大约 1/3 处切出一个缺口，并用剃刀将缺口的边缘削尖。将载荷施加到梁上，此时可以使用梁被破坏时的载荷，或者使用缺口裂缝开裂的位移来计算断裂韧性。

在海冰工程中如何应用断裂韧性并未完全明确。当该概念首次用于解决海上结构的冰力问题时，人们认为这种方法将有助于解释为什么满负荷下的实际测量

值会低于基于简单物理模型的预测值。但人们并未完全解决这一问题，在相当长一段时间内，对断裂韧性的研究很少。

在 20 世纪 80 年代和 20 世纪 90 年代初期，许多研究人员测量了当年冰的断裂韧性。断裂韧性取决于加载率和冰的类型，与温度和晶粒尺寸的关系不大。小试样开裂模式的断裂韧性（K_{IC}）典型值在 115kPa·m$^{0.5}$ 左右①。Dempsey[27]的研究表明，对于厚的当年冰，其断裂韧性约为 250kPa·m$^{0.5}$。该值高于小试样的测量值，表明其中可能存在尺度效应。

8. 摩擦系数

目前，已经进行了许多海冰在各种基材上的摩擦测试。Frederking 和 Barker[28]总结了这些测试的结果，测量了实验室制成的海冰在许多不同基材上的摩擦力。Frederking 和 Barker 的钢上的盐水冰测试表明，当速度从 0.1m/s 下降到 0m/s 时，动摩擦系数有大约 2 倍的变化，再次运动时的静摩擦力约为速度为 0.1m/s 时动摩擦力的 5 倍。测试表面的状况对摩擦有非常显著的影响。在锈蚀的钢上，速度为 0.1m/s 时的动摩擦系数约为 0.14，而在光滑的喷漆钢上，摩擦系数则为 0.04。锈蚀的钢上的静摩擦系数为 0.45，而光滑的喷漆钢上的静摩擦系数为 0.25。即使在恒定速度下，摩擦系数也会有很大的变化，无论表面是喷漆钢还是锈蚀钢，摩擦系数的变化都为 25%～30%。

Frederking 和 Barker[29]测量了盐冰在各种材料（混凝土、木材、钢和冰）上的摩擦系数。从测试结果可以看出两个总体趋势：①较低的速度；②粗糙材料上的摩擦系数较大。他们还观察到，冰在测试试样上第一次通过时的摩擦系数较大，随后再次通过时的摩擦系数较小。当速度大于 50mm/s 时，海冰在光滑混凝土、喷漆钢和海冰上的平均摩擦系数约为 0.05，而在 10mm/s 的速度下，平均摩擦系数提高至约 0.1。在大于 100mm/s 的速度下，海冰在粗糙混凝土和锈蚀钢上的平均摩擦系数约为 0.1，而在 10mm/s 的速度下平均摩擦系数则增大至 0.2。温度对摩擦系数的影响较弱，–2℃时的摩擦系数稍微高于–10℃时的摩擦系数。在较高的接触压力下，摩擦系数变低的趋势也较弱。

Barker 和 Timco[30]测量了在砂石或砾石海岸上滑动的大块冰的摩擦力，还测量了四种不同的摩擦系数，分别对应于冰块在海滩上的四种运动方式：静态、推动、过渡和滑动。随着运动模式从静态变为滑动，摩擦系数减小。他们发现，摩擦系数是相互作用速度的函数，并且通常随着速度的增加而降低。摩擦系数为

---

① kPa·m$^{0.5}$：千帕·米的二分之一次方，为断裂韧性的单位，常用单位还有 MPa·m$^{0.5}$ 和 MN·m$^{-3/2}$。

0.2～0.6, 其中较高的静摩擦系数在推动和过渡模式中减小, 当冰沿着砂石或砾石海岸滑动时, 静摩擦系数降至最低值。

2.1.4　相似准则

模型实验是研究船舶冰阻力最普遍的方法, 因此预报覆冰水域船舶结构的载荷及性能最有效的方法就是建立冰水池实验模型。冰水池实验模型的建立与普通水池实验模型不同, 需要考虑的不只是船的模型, 还要考虑冰的模型, 即在冰水池实验中不仅需要考虑船模尺寸, 还需要考虑实验室冰强度与实际冰强度的相似比问题。

在冰水池实验中可以将船模与实船看成两个相似的物体, 在船模与实船运动时, 会形成两个运动体系, 这两个运动体系需要遵循相似准则。冰水池实验一般保持几何相似、弗劳德相似和柯西相似来进行尺度换算。弗劳德相似保证了惯性力相似, 柯西相似保证了弹性力相似。

船舶破冰问题涉及大量船-冰接触情况, 因此尺度换算应保证弹性相似, 即

$$\frac{F_E}{A} = E\varepsilon \tag{2.17}$$

式中, F_E 为弹性力; A 为截面积; ε 为应变; E 为弹性模量。

因此, 有

$$\alpha_F = \alpha_E \alpha_\varepsilon \alpha_A \tag{2.18}$$

式中, α_F、α_E、α_ε、α_A 为缩尺试验对应的相似准数, 均为量纲为一的参数。

若要求严格的几何相似, 则有

$$\alpha_\varepsilon = 1 \tag{2.19}$$

$$\alpha_F = \alpha_E \alpha_l^2 \tag{2.20}$$

令 $\alpha_E \alpha_l^2 = \alpha_\rho \alpha_l^2 \alpha_v^2$, 则有

$$\frac{\dfrac{\alpha_v^2}{\alpha_E}}{\alpha_\rho} = 1 \tag{2.21}$$

可得

$$\frac{\rho v^2}{E} = Ca \tag{2.22}$$

式中, ρ 为密度; v 为流速; Ca 称为柯西数。

同理, 将处于重力作用下的牛顿第二定律与物体惯性力相比, 可得

$$\alpha_F = \alpha_m \alpha_g = \alpha_\rho \alpha_v^2 \alpha_l^2 \tag{2.23}$$

式中，α_F、α_m、α_g、α_ρ、α_v、α_l 分别为缩尺试验对应重力、质量、重力加速度、密度、流速和特征长度的相似准数，均为量纲为一的参数。

由式(2.23)可得

$$\frac{\alpha_g \alpha_l}{\alpha_v^2} = 1 \tag{2.24}$$

$$\frac{\sqrt{gl}}{v} = Fr \tag{2.25}$$

式中，Fr 称为弗劳德数(Froude number)。

在理论上，实验中所用船模的相似比一般只考虑弗劳德数和雷诺数，而模型冰的相似比只考虑弗劳德数和柯西数。

在实际实验中，往往根据水池的尺寸、拖车的速度、实船的尺寸及航速来确定船模缩尺比，基于弗劳德数相同或雷诺数相同或相似来确定实验的各项参数，从而确定实验用船模的各项尺寸。一般在同一个实验中很难满足弗劳德数与雷诺数同时相同。因此，在实际操作过程中，应先分析哪一项阻力或者哪一个类型的阻力在船舶运动过程中占据主要地位。然后根据阻力类型来确定实船与船模所要满足的参数，即确定是在弗劳德数相同的条件下还是在雷诺数相同的条件下来进行实验。

由于模型冰与实际海冰在结构和生成过程的不同，所以很难保证模型冰与实际海冰在各项力学特性上均满足目标相似比。由于船舶破冰过程中弯曲强度的影响较大，通常应使弯曲强度满足要求的相似比。而对于由弹性模量、压缩强度等因素不满足相似比而造成的误差，各冰水池实验一般通过经验性的方法对尺度换算后的各项结果进行修正。

2.2　海冰失效模式

受风、流、温度等环境条件及结构物和冰的特征等因素影响，海冰与结构物相互作用时的失效模式错综复杂，且往往伴随着同时性和随机性。海冰的主要失效模式包括压溃破坏、压屈破坏、弯曲破坏和劈裂破坏等，其中，压屈破坏主要出现在薄冰中，而极地环境下较厚层冰与结构物间相互作用时的失效模式主要表现为压溃破坏和弯曲破坏。

海冰失效模式受到结构物形式和海冰形态等因素的影响，是冰载荷计算过程中需要重点考虑的因素。

2.2.1 压溃破坏

压溃破坏是指海冰在与结构物的接触面上因受挤压而破碎成小块的失效模式，是海冰最常见的失效模式。大量的实际观测结果表明，海冰与直立结构作用时主要发生压溃破坏。Sodhi 和 Hamza[31]提出压溃破坏与压屈破坏依赖结构物宽度(D)与冰厚(h_i)的比值，当比值大于 6 时，海冰通常发生压屈破坏；当比值小于 6 时，一般为压溃破坏。

欧进萍和段忠东[32]研究了冰与桩腿结构作用过程的破坏形式，发现最常见的破坏形式为压溃破坏。当海冰与结构物接触并开始挤压时，冰排的前沿依次被压溃，能量逐渐转移给结构物。随着挤压的加剧，结构物受力减小，开始反弹并释放弹性势能。在此过程中，压溃破坏是一个持续性的波动过程，海冰破坏的压力曲线呈现锯齿形的上下起伏，但很少出现突然性的大起大落。海冰压溃破坏模式示意图如图 2-3 所示，典型的海冰压溃破坏压力时历曲线如图 2-4 所示。

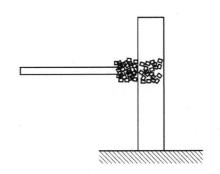

图 2-3 海冰压溃破坏模式示意图

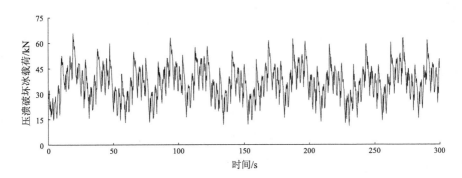

图 2-4 海冰压溃破坏压力时历曲线

海冰压溃破坏是一个非常复杂的过程，难以用解析方法对其进行描述。在工程上，通常借助有效冰压力的概念来计算接触力(F_c)，其表达式为

$$F_c = pA \tag{2.26}$$

式中，p 为有效冰压力；A 为接触面积，对于垂直结构与层冰接触的情况，$A = Dh_i$，D 为结构物宽度，h_i 为海冰厚度。

Croasdale 等[33]依据塑性理论给出的有效冰压力方程为

$$p_c = I\sigma_c, \quad 1.0 \leqslant I \leqslant 1 + \pi/2 \tag{2.27}$$

式中，σ_c 为压缩强度。

若冰与结构物非完全接触，则有

$$I = 1.45 + \frac{0.35}{D/h_i} \leqslant 2.57 \tag{2.28}$$

若冰与结构物完全接触，则有

$$I = 1.15 + \frac{0.37}{D/h_i} \tag{2.29}$$

2.2.2 压屈破坏

在极地区域，海冰压屈破坏模式通常发生在初冰期，这是一种比较常见的破坏形式，当冰厚与结构物接触处的尺寸(如结构物宽度)达到一定比值时，海冰将更容易发生压屈破坏。当大面积的海冰与结构物接触时，海冰受压失稳，沿接触面周围出现环向或径向放射状裂纹，随后在接触面前断裂、隆起、破碎成较大冰块和冰排而发生周期性的屈曲。

Sodhi 和 Hamza[31]给出了作用于宽度为 D 的垂直结构物压屈破坏的冰载荷计算公式，即

$$F_b = kL_C^3 \left[\frac{D}{L_C} + 3.32\left(1 + \frac{D}{4L_C}\right) \right] \tag{2.30}$$

式中，k 为基础模量；L_C 为冰的特征长度；D 为结构物宽度。其中，

$$L_C = \left[\frac{Eh_i^3}{12\rho_w g \left(1 - v^2\right)} \right]^{\frac{1}{4}} \tag{2.31}$$

式中，E 为冰的弹性模量；ρ_w 为水的密度；v 为泊松比。

基于冰压屈破坏的作用形式，其冰压力时历曲线呈现规则的撞击尖峰。海冰压屈破坏模式示意图如图 2-5 所示，典型的海冰压屈破坏压力时历曲线如图 2-6

所示。

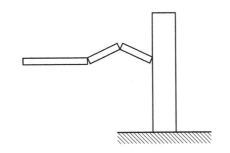

图 2-5　海冰压屈破坏模式示意图

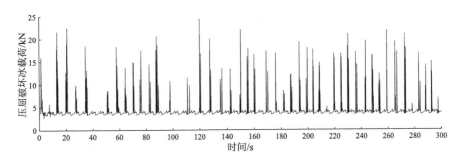

图 2-6　海冰压屈破坏压力时历曲线

2.2.3　弯曲破坏

倾斜体结构是极地油气生产装备的优选结构，因为冰排作用在斜面的冰力要比作用在垂直表面的冰力小很多。当海冰与倾斜体结构表面相接触时，随着冰排与结构物之间相互作用的角度减小，海冰的破坏模式将从主要为挤压破坏转变为主要为弯曲破坏。在弯曲破坏过程中，冰排的上表面受到压力，下表面受到拉力，最终导致冰排的断裂。

当冰板与结构物的斜面以一定的相对速度发生接触时，冰板的下边缘首先产生压溃，局部碰撞挤压引起斜面的正压力，冰排将沿着斜面运动，同时产生与斜面的摩擦力，如图 2-7 所示，其中，F_N 为正压力，F_f 为摩擦力，F_g 为重力。正压力和摩擦力在破碎面上可分解为垂向力 F_V 和水平力 F_H，随着冰排与结构物进一步接触，发生局部破坏的面积也进一步增大，垂向力 F_V 和水平力 F_H 也逐渐增加，直至冰板破裂。在这一过程中，冰板可视作一端受弯的梁或板，垂向力 F_V 决定着作用在结构物斜面上的冰板的破坏形式。当冰板沿结构物运动到一定程度时，冰板受弯端会因弯曲而失效，折断、破碎成较大的冰块。

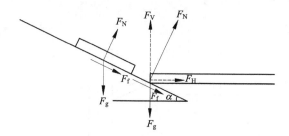

图 2-7　冰与斜面结构物相互作用示意图

当结构物迎冰面的宽度和冰板的宽度足够大时,可以把受力模型简化为二维模型。破裂后的冰块,在后续冰的作用下将沿斜面上爬,此时,作用于破裂冰块上的力有摩擦力、后续冰块的推力及重力。

海冰弯曲破坏压力时历曲线的显著特点是每隔较长的时间出现一个由断裂形成的压力峰值。海冰弯曲破坏模式示意图如图 2-8 所示,典型的海冰弯曲破坏压力时历曲线如图 2-9 所示。

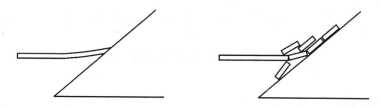

图 2-8　海冰弯曲破坏模式示意图

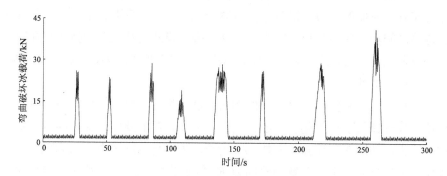

图 2-9　海冰弯曲破坏压力时历曲线

2.2.4 劈裂破坏

劈裂破坏通常发生在楔形结构物与冰板相互作用的过程中。中等尺度的浮冰与船舶碰撞，冰板的运动受到阻碍，内部产生裂纹，如图 2-10 所示。在低速、低摩擦系数、小倾角和小冰厚情况下，冰与结构物接触区内的弯曲破坏多于挤压破坏。当锥体结构物直径相对冰厚较小时，海冰内部初始破坏多出现环向裂纹，海冰呈现楔形断裂。随着锥体直径的增大，水线处锥体表面的曲率减小，冰板的最大拉应力由环向转为径向，使海冰产生径向裂纹。随着锥角、表面粗糙度和冰厚的增加，海冰的破坏模式逐渐由弯曲破坏转变为弯曲破坏与劈裂破坏的组合，并最终转变为以劈裂破坏占据主导地位。实际观测中发现，当环向裂纹间距略大于冰的特征长度时，冰发生纯弯曲破坏；随着冰厚的增加，冰的断裂长度并未像冰的特征长度那样增加，反而减小，这就预示着弯曲破坏与劈裂破坏同时出现。

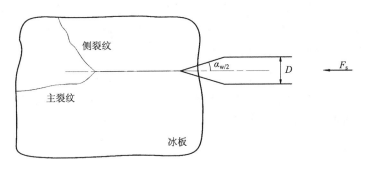

图 2-10　劈裂破坏示意图

Michel[34]假设冰板内裂纹为直线且不考虑摩擦力，给出的劈裂破坏冰力计算模型为

$$F_s = 2\tau_0 D h_i \tan\alpha_{w/2} \tag{2.32}$$

式中，F_s 为劈裂力；τ_0 为冰的平均剪切强度；D 为结构物的宽度；h_i 为冰厚；$\alpha_{w/2}$ 为楔形结构物楔角的一半。

若冰板并非足够长，则裂纹沿结构物轴向发展，此时劈裂破坏冰力计算模型为

$$F_s = 2\tau_0 l h_i \sin\alpha_{w/2} \tag{2.33}$$

式中，l 为龟裂长度。

对于小冰板及楔角很小的楔形结构，冰板在裂纹处受法向拉伸应力，亦可产生劈裂破坏，其计算公式为

$$F_s = nlh_1\sigma_t \tag{2.34}$$

式中，σ_t 为冰的拉伸强度；n 为随结构物楔角变化而变化的结构物形状系数（表 2-2）。

表 2-2   结构物楔角与形状系数

楔角	60°	70°	80°	90°	100°	120°
形状系数	0.25	0.29	0.33	0.38	0.43	0.53

2.3   冰载荷主要类型

2.3.1   挤压载荷

在冰区海洋结构物设计过程中，最受结构物设计者关注的是挤压载荷。在海冰的压溃破坏和压屈破坏模式中，挤压载荷是导致海冰表面产生凹陷、屈曲和破碎的主要载荷。当挤压载荷超过海冰的极限度时，海冰表面出现大量的微小裂纹导致压溃破坏，或者海冰整体发生弯曲变形导致压屈破坏。此外，挤压载荷也是导致海冰发生剪切变形和破坏的主要载荷之一。目前，国内外相关的计算模型按照其公式构成形式可分为两大类。

1. 第一类公式

第一类公式的基本形式为

$$F = \alpha D h_1 \sigma_c \tag{2.35}$$

式中，D 为海冰与结构物接触宽度；h_1 为海冰厚度；σ_c 为压缩强度；α 为影响冰力各项因素的修正系数。

这一类的冰力计算模型主要有如下几种。

（1）Korzhavin-Afanasev 公式：

$$F = mIKD h_1 \sigma_c \tag{2.36}$$

式中，m 为形状系数，当接触面为平面时，m 取 1.0，当接触面为圆柱体时，m 取 0.9；$I = \sqrt{1 + 5\dfrac{h_1}{D}}$ 为局部挤压系数；K 为接触系数，取值范围为 0.4～0.7，高冰速时取小值。I、m、K 均为量纲为一的系数。Korzhavin-Afanasev 公式是目前工程中应用最广泛的公式。

（2）加拿大标准协会公式：

$$F = Dh_i p_c \tag{2.37}$$

式中，p_c 为冰压力有效值，取为 0.689~2.260MPa。

(3) 加拿大灯塔规范公式：

$$F = m'Dh_i\sigma_c \tag{2.38}$$

式中，m' 为考虑形状、解除条件的综合系数，取为 0.4~0.7；σ_c 为压缩强度，取为 1.38~1.72MPa。

(4) 苏联规范公式：

$$F = mIDh_i\sigma_c \tag{2.39}$$

式中，m 为形状系数，当接触面为平面时，m 取 1.0，当接触面为圆柱体时，m 取 0.9；I 为局部挤压系数(表 2-3)。

表 2-3 局部挤压系数

D/h_i	1	3	10	20	30	≥50
I	2.5	2.0	1.5	1.2	1.0	0.5

(5) 中国固定平台计算公式：

$$F = mIKDh_i\sigma_c \tag{2.40}$$

式中，m 为形状系数，当接触面为平面时，m 取 1.0，当接触面为圆柱体时，m 取 0.9；I 为局部挤压系数，取 2.5；K 为接触系数，取 0.45。

(6) 美国 API 2A 公式：

$$F = CDh_i\sigma_c \tag{2.41}$$

式中，C 为综合影响系数，取决于结构形状、冰速等，取 0.3~0.7。

(7) 美国 APIRP 2N 公式：

$$F = IKDh_i\sigma_c \tag{2.42}$$

式中，I 为局部挤压系数，同时包括结构物形状的影响；K 为接触系数，也包括形状的影响，规范建议美国阿拉斯加库克湾海区取 1.45。

2. 第二类公式

第二类公式的基本形式为

$$F = \beta D^{0.5} h_i^{\tau} \sigma_c \tag{2.43}$$

式中，β 为影响冰力的各项因素的修正系数；τ 指指数值，具体取值见下文公式。

这一类的冰力计算模型主要有如下几种。

(1)德国 Schwarz 公式：

Schwarz 根据直立柱现场测试及美国艾奥瓦州水力研究所 IOWA 模型实验数据，提出冰温在 0℃时的冰力公式为

$$F = 3.57 D^{0.5} h_i^{1.1} \sigma_c \qquad (2.44)$$

式中，σ_c 为压缩强度。

(2)日本 Hamayama 公式：

$$F = C D^{0.5} h_i \sigma_c \qquad (2.45)$$

式中，C 为形状系数，对于圆形截面取 5.0，对于矩形截面取 6.8。

2.3.2　弯曲载荷

弯曲载荷通常会使海冰整体发生弯曲变形，导致海冰的屈曲和破坏。在风、浪、潮、流等载荷作用下，大面积的冰层以一定的动能运动到结构物前，并在接触面处的冰板下边缘产生挤压碰撞。局部碰撞引起的正应力可以分解为作用于破坏面中心的垂向力和水平力，其中垂向力将使冰板发生弯曲破坏，水平力将驱使破裂后的冰板向结构物表面运动。随着局部挤压破坏的发展，径向裂纹开始从结构物边界向冰板内部扩展，随着局部挤压破坏加剧，当冰板内部应力达到最大值时，环向裂纹出现。环向裂纹出现后，冰板内应力降为 0。

根据相互作用关系和库仑摩擦定律，具体示意图如图 2-7 所示，作用在冰板上的水平力 F_H 和垂向力 F_V 分别为

$$F_H = F_N \sin\alpha + \mu F_N \cos\alpha \qquad (2.46)$$

$$F_V = F_N \cos\alpha - \mu F_N \sin\alpha \qquad (2.47)$$

式中，μ 为冰与结构物表面的摩擦系数；α 为结构物表面水平倾角；F_N 为作用于结构物表面上的正压力。

在极限范围内，最大 F_H 值由边界处受力的冰板弯曲强度控制。假定冰板为作用在弹性基础上的半无限梁，则使冰板弯曲的载荷可表示为使冰板发生弯曲破碎的垂向力 F_V 和水平力 F_H，分别为

$$F_V = 0.68 \sigma_f b \left(\frac{\rho_w g h_i^5}{E} \right)^{\frac{1}{4}} \qquad (2.48)$$

$$F_H = 0.68 \sigma_f b \left(\frac{\rho_w g h_i^5}{E} \right)^{\frac{1}{4}} \frac{\sin\alpha + \mu\cos\alpha}{\cos\alpha - \mu\sin\alpha} \qquad (2.49)$$

式中，$\sigma_f = \dfrac{6M_{\max}}{bh_i^2}$ 为矩形截面梁纯弯曲时的应力，$M_{\max}$ 为最大弯矩；b 为梁宽；ρ_w 为海水密度；h_i 为冰厚；E 为海冰的弹性模量。

此外，ISO 19906 规范[35]给出了斜面结构冰载荷的计算方法，其适用于大规模的海洋工程项目，考虑了更多因素的影响，包括斜面在冰中的相对位置、冰堆积高度、流向等。对于斜面结构水平方向的冰载荷，通常只考虑破碎分量而忽略上爬分量，总体水平方向冰载荷的破碎分量 (H_B) 如下：

$$H_B = \frac{\left(\sigma_f h_i^2\right)\tan\alpha\left[\left(1 + Yx\ln x\right)/\left(x-1\right) + G(x-1)(x+2)\right]}{3\left\{1 - \mu\left[\left(\sin\alpha + \alpha/\cos\alpha\right)/\left(\pi\sin^2\alpha/2 + 2\mu\alpha\cos\alpha\right)\right]\right\}} \tag{2.50}$$

$$x = 1 + \left(3G + \frac{Y}{2}\right)^{-\frac{1}{2}} \tag{2.51}$$

式中，α 为结构物的坡度；σ_f 为海冰弯曲强度；μ 为海冰与结构物之间的摩擦系数；Y 为屈服常数，当认为海冰因切应力达到屈服强度时，取 2.711，当着重于海冰材料弯曲强度的主导，认为海冰不会因为剪力和黏结过早而破坏时，取 3.422；x 为关于 G 和 Y 的函数；$G = \dfrac{\rho_i g D^2}{4\sigma_f h_i}$，$\rho_i$ 为海冰密度，D 为结构物的宽度；h_i 为冰厚。

ISO 19906 规范给出的结构总体水平力 (F_H) 为

$$F_H = \frac{H_B + H_P + H_R + H_L + H_T}{1 - H_B/\left[\sigma_f\left(D + \pi^2 L_C/4\right)H\right]} \tag{2.52}$$

式中，

$$H_B = 0.68\left(\frac{\sin\alpha + \mu\cos\alpha}{\cos\alpha + \mu\sin\alpha}\right)\sigma_f\left(\frac{\rho_w g h_i^5}{E}\right)^{0.25}\left(D + \frac{\pi^2 L_C}{4}\right) \tag{2.53}$$

$$H_P = \frac{Dh_r^2\mu_i\rho_i g(1-e_r)\left(1 - \dfrac{\tan\theta_r}{\tan\alpha}\right)^2}{2\tan\theta_r} \tag{2.54}$$

$$H_R = \frac{0.5D\mu_i(\mu_i + \mu)\rho_i g(1-e_r)h_r^2\sin\alpha\left(\dfrac{1}{\tan\theta_r} - \dfrac{1}{\tan\alpha}\right)}{\cos\alpha - \mu\alpha}$$

$$\cdot \frac{\left(1 - \dfrac{\tan \theta_r}{\tan \alpha}\right)}{\cos \alpha - \mu \alpha} + \frac{Dh_r h_i \rho_i g \left(\dfrac{\sin \alpha + \mu \cos \alpha}{\sin \alpha}\right)}{\cos \alpha - \mu \alpha} \tag{2.55}$$

$$H_L = 0.5 D h_r^2 \rho_i g \left(1 - e_r\right) \left(\frac{\sin \alpha + \mu \cos \alpha}{\cos \alpha - \mu \sin \alpha}\right) \left(\frac{1}{\tan \theta_r} - \frac{1}{\tan \alpha}\right)$$

$$\cdot \left(1 - \frac{\tan \theta_r}{\tan \alpha}\right) + 0.5 D h_r^2 \rho_i g \left(1 - e_r\right) \left(\frac{\sin \alpha + \mu \cos \alpha}{\cos \alpha - \mu \sin \alpha}\right) \tan \phi_r$$

$$\cdot \left(1 - \frac{\tan \theta_r}{\tan \alpha}\right)^2 + \left(\frac{\sin \alpha + \mu \cos \alpha}{\cos \alpha - \mu \sin \alpha}\right) c_r D h_r^2 \left(1 - \frac{\tan \theta_r}{\tan \alpha}\right) \tag{2.56}$$

$$H_T = \frac{1.5 D h_i^2 \rho_i g \cos \alpha}{\sin \alpha - \mu \cos \alpha} \tag{2.57}$$

$$L_C = \left[\frac{E h_i^3}{12 \rho_w g \left(1 - \nu^2\right)}\right]^{\frac{1}{4}} \tag{2.58}$$

式中，H_P 为破碎冰块对冰层前进的阻力；H_R 为将冰层推上斜面的力；H_L 为破碎冰块对冰层的压力；H_T 为破碎冰块的旋转力；E 为海冰的弹性模量；ν 为海冰的泊松比；ρ_w 为海水密度；ρ_i 为海冰密度；L_C 为冰的特征长度；h_r 为碎冰堆积高度；h_i 为冰厚；μ_i 为冰之间的摩擦系数；e_r 为碎冰块的孔隙率；θ_r 为碎冰块与水平方向的夹角；c_r 为碎冰的凝聚力；ϕ_r 为碎冰之间的摩擦角。

2.3.3　浸没载荷

在海冰与结构物相互作用的过程中，冰层在破损后产生的碎冰在水线以下沿着结构物表面滑行，由于冰的密度略小于水，浸没在水中的碎冰在浮力作用下反复撞击和摩擦结构物，使得冰阻力值增大，这部分力称为浸没阻力，如图 2-11 所示。

图 2-11　船-冰碰撞过程中船舶受到的碎冰浸没阻力

根据 Lindqvist[36]对结构物与冰相互作用的研究，可以将冰载荷分为破冰载荷和浸没载荷两种主要成分，其中，破冰载荷主要包括挤压载荷和弯曲载荷，其他载荷统称为浸没载荷。此外，Lindqvist 还依据全尺度的实验对浸没阻力进行了评估，得出浸没阻力的经验公式为

$$R_S = (\rho_w - \rho_i) g h_i B \left[\frac{T(B+T)}{B+2T} + k \right] \tag{2.59}$$

$$k = \mu \left(0.7L - \frac{T}{\tan\varphi} - \frac{B}{4\tan\alpha} + T\cos\varphi\cos\psi \sqrt{\frac{1}{\sin^2\varphi} + \frac{1}{\tan^2\alpha}} \right) \tag{2.60}$$

$$\psi = \arctan\frac{\tan\phi}{\sin\alpha} \tag{2.61}$$

式中，R_S 为浸没阻力；ρ_w 为海水密度；ρ_i 为海冰密度；h_i 为冰厚；L、B、T 分别为船长、船宽和吃水；μ 为摩擦系数；ϕ 为艏柱倾角；φ 为纵倾角；α 为进流角。

Liu 等[37]在研究船舶航行操纵性时，将浸没阻力的计算方式细化到浮力和清冰力两部分，即

$$F_{ice} = F_{br} + F_{buoy} + F_{cl} \tag{2.62}$$

$$F_{buoy} = \rho_\Delta h_i S_{bow} \tag{2.63}$$

$$F_{cl} = 0.5\rho_i h_i W V_n^2 \tan^2\phi \tag{2.64}$$

式中，F_{ice} 为总冰力；F_{br} 为破冰阻力；F_{buoy} 为浮力；F_{cl} 为清冰力；ρ_Δ 为冰水密度差；S_{bow} 为首部水平投影面积，具体算法为首部甲板面积与水线处(与海冰接触处)甲板面积之差；ρ_i 为海冰密度；h_i 为冰厚；W 为迎冰宽度；V_n 为垂直于海冰与结构物接触面方向的速度；ϕ 为艏柱倾角。

2.3.4 其他载荷

1. 海冰摩擦

海冰的摩擦作用在许多工程问题中是十分重要的。例如，在冰与结构物相互作用中，海冰摩擦力以切向作用于结构物表面，在计算冰载荷时，其常为一个计算参量，如冰脊力的水平分量、平整冰弯曲破坏有限元分析法中的摩擦力参量等。海冰摩擦效应对破冰船的冰阻力也有一定影响。国外曾做过初步的研究，这些实验在方法上和定性分析上均有较大差异。

2. 结冰载荷

船舶在极区航行时会发生表面结冰现象。通常结冰的原因是船舶结构上水滴的凝聚，这些水滴来自波峰形成时的飞溅及船本身形成的飞溅；结冰也可能在降雪、海雾（包括北极海烟雾）、外部环境温度急剧下降及雨点与船舶结构撞击冰冻时出现。船体表面结冰会对船舶稳性造成很多不利的影响，冰在船体表面上的积累会使船的重量增加，浮力和干舷减小；结冰位置都位于水线以上，因此船体结冰会使船舶重心升高，造成稳性力臂减小；上层建筑结冰还可能会使船舶的受风面积增大，从而增加风力作用下的横倾力矩；结冰量沿着船长的不均匀分布会产生纵倾变化；冰沿着船宽的不均匀分布则会增加定常横倾。

船舶结冰主要分为海水飞沫结冰和大气结冰，其中，飞沫结冰以含盐海水冰为主，是造成船舶上层结构结冰的最主要原因，而大气结冰则以淡水冰为主。导致船舶结冰的环境条件一般包括高风速、低空气温度和低海水温度。

2.4 小　　结

本章介绍了海冰的基本几何特征、物理特性及力学特性，海冰破坏的模式，以及冰载荷的种类和简单估算方法。作为一种自然形成的材料，海冰的几何特征和物理特性多样，力学特性复杂。环境因素、加载速率、加载方式等都会对海冰破坏模式及冰载荷大小造成很大影响。目前，学术界对于海冰的力学特性仍未形成完整的认识，对于多轴受力下的海冰失效原理、多年冰的力学特性、复合失效模式下的海冰裂纹扩展、海冰压溃过程的理论方法等问题还没有较好的解决方案。因此，冰载荷预报仍大量依赖历史经验。本章列举的冰载荷计算方法多为规范建议的估算方法，其本身包含一定的安全余量，并不能有效运用到实际船舶或海洋结构物对冰载荷的响应计算中。因此，需要更为复杂、具有高保真度的方法来计算和模拟海冰破坏过程及船舶响应。

参 考 文 献

[1] Kwok R, Rothrock D A. Decline in Arctic sea ice thickness from submarine and ICESat records: 1958-2008[J]. Geophysical Research Letters, 2009, 36(15): L15501.

[2] Eicken H, Lensu M, Leppäranta M, et al. Thickness, structure, and properties of level summer multiyear ice in the Eurasian sector of the Arctic Ocean[J]. Journal of Geophysical Research: Oceans, 1995, 100(C11): 22697-22710.

[3] 中国船级社. 极地船舶指南 2023: GD 10—2023[S]. 北京: 中国船级社, 2023.

[4] Pounder E R, Stalinski P. General properties of Arctic sea ice[J]. Assoc Science Hydrology, 1960, (54): 25-34.

[5] Hibler W, Ackley S F, Weeks W F, et al. Top and bottom roughness of a multiyear ice floe[C]. Proceedings of the International Association for Hydraulic Research IAHR Symposium on Ice, 1972: 130-142.

[6] Ackley S, Hibler W, Kugzruk F, et al. Thickness and roughness variations of Arctic multi-year sea ice[C]//Ocean'74-IEEE International Conference on Engineering in the Ocean Environment, Halifax, 1974: 109-117.

[7] Cox G F, Weeks W F. Profile properties of undeformed first-year sea ice[R]. CRREL Report 88-13, 1988.

[8] Cox G F, Weeks W F. Salinity variations in sea ice[J]. Journal of Glaciology, 1974, 13(67): 109-120.

[9] Kovacs A. Sea ice. Part 1, Bulk salinity versus ice floe thickness[R]. CRREL Report 96-7, 1996.

[10] Lake R A, Lewis E L. Salt rejection by sea ice during growth[J]. Journal of Geophysical Research, 1970, 75(3): 583-597.

[11] Cole D M, Shapiro L H. Observations of brine drainage networks and microstructure of first-year sea ice[J]. Journal of Geophysical Research: Oceans, 1998, 103(C10): 21739-21750.

[12] Timco G W, O'Brien S. Flexural strength equation for sea ice[J]. Cold Regions Science and Technology, 1994, 22(3): 285-298.

[13] Butkovich T R. Strength studies of sea ice[R]. U. S. Army Research Report RR20, 1956.

[14] Pounder E R, Little E M. Some physical properties of sea ice[J]. Canadian Journal of Physics, 1959, 37(4): 443-473.

[15] Dykins J E. Ice engineering-material properties for a limited range of conditions[R]. Technical Report R720, 1971.

[16] Frederking R M, Timco G W. Measurement of shear strength of granular/ discontinuous columnar sea ice[J]. Cold Regions Science and Technology, 1984, 9(3): 215-220.

[17] Frederking R M, Timco G W. Field measurements of the shear strength of columnar-grained sea ice[J]. Proceedings 8th International Association for Hydraulic Research Symposium on Ice, 1986, (1): 279-292.

[18] Frederking R M, Svec O, Timco G W. The shear strength of ice[J]. Proceedings 9th International Association for Hydraulic Research Symposium on Ice, 1988, (3): 76-88.

[19] Paige R A, Lee C W. Preliminary studies on sea ice in McMurdo sound[J]. Journal of Glaciology, 1967, 6(46): 515-528.

[20] Sinha N K. Experiments on anisotropic and rate-sensitive strain ratio and modulus of columnar-grained ice[J]. Journal of Offshore Mechanics and Arctic Engineering, 1989, 111(4): 354-360.

[21] Glen J W. The creep of polycrystalline ice[J]. Proceedings of the Royal Society A, 1955, 228(1175): 519-538.

[22] Weeks W F, Assur A. The mechanical properties of sea ice[R]. National Research Council of Canada NRC-DBR Report Tech, 1968(92): 25-78.

[23] Hunkins K. Seismic studies of sea ice[J]. Journal of Geophysical Research, 1960, 65(10): 3459-3472.

[24] Lin′kov E M. Study of the elastic properties of an ice cover in the Arctic[J]. Saint Petersburg: Vestnik Leningradskogo Universiteta, 1958, 13: 17-22.

[25] Sinha N K. Effective Poisson′s ratio of isotropic ice[J]. Proceedings OMAE′87, 1987, 4: 189-195.

[26] Murat J R, Lainey L M. Some experimental observations on the Poisson′s ratio of sea ice[J]. Cold Regions Science and Technology, 1982, 6(2): 105-113.

[27] Dempsey J P. The Fracture Toughness of Ice[M]. Berlin: Springer, 1989.

[28] Frederking R, Barker A. Friction of sea ice on steel for condition of varying speeds[C]. Proceedings of the 12th International Offshore and Polar Engineering Conference, 2002: 766-771.

[29] Frederking R, Barker A. Friction of sea ice on various construction materials[J]. Proceedings of the 16th IAHR International Symposium on Ice, 2002, 1: 442-449.

[30] Barker A, Timco G W. The friction coefficient of a large ice block on a sand/ gravel beach[C]. Proceedings 12th Workshop on the Hydraulics of Ice Covered Rivers, Edmonton, 2003: 1-15.

[31] Sodhi D S, Hamza H E. Buckling analysis of a semi-infinite ice sheet[C]. Proc. POAC′77, 1977, (1): 593-604.

[32] 欧进萍, 段忠东. 渤海导管架平台桩柱冰压力随机过程模型及其参数确定[J]. 海洋学报(中文版), 1998, 20(3): 110-118.

[33] Croasdale K R, Morgenstem N R, Nuttall J B. Indentation tests to investigate ice pressures on vertical piers[C]. Proceedings of the Fourth Symposium on Glaciology, Cambridge, 1976: 301-312.

[34] Michel B. Ice Mechanics[M]. Quebec: Laval University Press, 1978.

[35] ISO. Petroleum and natural gas industries-arctic offshore structures: ISO 19906—2010[S]. Geneva: International Organization for Standardization, 2010.

[36] Lindqvist G. A straightforward method for calculation of ice resistance of ships[C]. POAC′89, 1989.

[37] Liu J C, Lau M, Williams F M. Mathematical modeling of ice-hull interaction for ship maneuvering in ice simulations[C]. SNAME 7th International Conference and Exhibition on Performance of Ships and Structures in Ice, Banff, 2006.

第 3 章　海冰环向裂纹法理论

第 2 章介绍了冰的破坏机理，以此为基础，可以计算船-冰接触过程中载荷的演化和幅值。本章介绍基于环向裂纹法的冰载荷预报方法。该方法是近年来国际上提出并发展起来的一种新型冰载荷数值预报方法，具有广阔的应用前景。此类方法不进行应力-应变层面的数值方法求解，而是根据船-冰接触的宏观特征来判定冰层破坏，基于环向裂纹更新冰场，从而实现快速准确的数值计算。

3.1　海冰环向裂纹法理论来源

3.1.1　环向裂纹的物理意义

船与平整冰的接触过程始于船体与冰层边缘的接触，如图 3-1 所示。在接触力的作用下，冰层边缘被压溃破坏，形成大量细小的冰粒。这些冰粒一部分被排出接触区域，另一部分留在船体与冰层接触面上。同时，由于剪力的作用，有时会生成垂直于接触力方向的裂纹，当其扩展至冰层下表面时，会使小块冰从冰层剪切脱落。在接触力垂向分量的作用下，冰层发生向下的弯曲变形，冰层内部由弯曲造成的应力增大。随着船体进一步压溃冰层，船-冰接触面积和接触力逐渐增大，冰层的弯曲变形和应力也逐渐增大。当应力达到临界应力时，环向裂纹生成并扩展，弯曲断裂发生，新的冰块从冰层脱离。此后，冰块在船体作用下翻转并沿船体滑动，直至最终脱离船体。

船舶在平整冰中航行时受到的冰作用力分为两部分：一部分来源于破坏冰层的过程；另一部分来源于冰层破坏后形成的冰块与船体的接触。这两种作用力的特性有明显的不同。如图 3-2 所示，冰层破坏可看作一系列重复发生的离散事件，船体破冰过程中的作用力可达到很高的峰值，但在冰层发生弯曲断裂后迅速减小，因此持续时间很短；而大量破碎冰块沿船体的运动可看作一个连续过程，其对船体的作用力的幅值相对较小，但持续时间长。因此，从船舶性能的角度来看，两者均会造成明显的阻力；而从结构安全的角度来看，只有破冰过程产生的峰值力会对船体结构产生较大威胁。

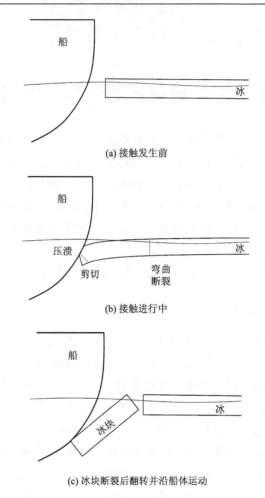

(a) 接触发生前

(b) 接触进行中

(c) 冰块断裂后翻转并沿船体运动

图 3-1　船与冰层接触下的冰层破坏过程

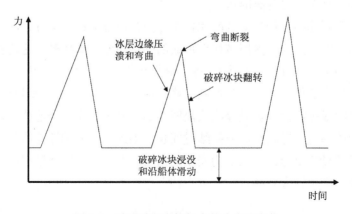

图 3-2　破冰过程中接触力的分类和变化

　　图 3-3 为船舶破冰过程中船首右舷位置的监测摄像机拍摄的破冰图像。图中可以清晰地看到船-冰接触位置发生的海冰边缘压溃，以及接触区域之外由弯曲断裂产生的环向裂纹。船舶正是通过反复压溃和弯曲来破坏冰层，从而将冰层破坏成较小的冰块，进而排开冰块，开辟前行的通道。如图 3-2 所示，当弯曲断裂即将发生时，船-冰接触力达到顶点，并在环向裂纹产生后迅速减小。因此，环向裂纹的产生是冰由连续介质向非连续介质转化的直接原因，也是船-冰接触力达到峰值的节点。环向裂纹法正是基于这一原理，以环向裂纹计算为核心，实现船舶破冰的模拟。

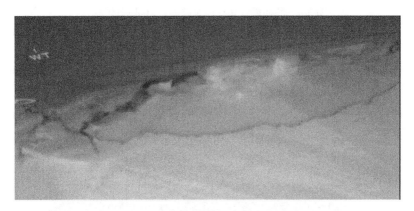

图 3-3　船舶破冰过程中的环向裂纹

3.1.2　海冰裂纹竞争机制

　　如图 3-4 所示，船舶在冰层中航行时，由于冰层持续被破坏，大部分情况下与船体接触的冰层边缘形状为楔形。在接触力垂向分量的作用下，冰层上表面距接触面一定距离处产生了径向的拉伸应力，若此应力达到冰的拉伸强度，则会引起环向裂纹的初裂和扩展，造成弯曲断裂。此外，冰层下表面接近接触区域的位置在接触力作用下会产生平行于接触面的拉伸应力。若此应力超出冰的拉伸强度，则会引起径向裂纹的初裂和扩展，造成冰层径向劈裂。由此可见，在船-冰接触过程中，环向裂纹和径向裂纹存在竞争机制，若上表面拉伸应力大于下表面，则只会产生环向裂纹而不出现径向裂纹；反之，则首先生成径向裂纹。在平整冰中径向裂纹的扩展长度有限，即使首先产生径向裂纹，船舶依然需要引起环向裂纹来破坏冰层，环向裂纹的出现仍然是冰向非连续体转化的关键节点。

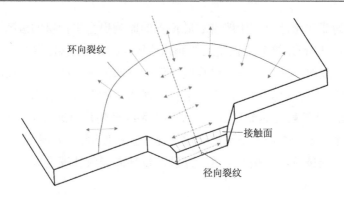

图 3-4　环向裂纹和径向裂纹的竞争机制(俯视)

实线表示位于上表面,虚线表示位于下表面,箭头表示垂向接触力作用下拉伸应力的分布和方向示意

　　实际观测中发现,船舶在平整冰中航行时,在船首两侧环向裂纹出现的频率大大高于径向裂纹,而径向裂纹通常出现在环向裂纹发生之后的冰块翻转过程中,而非在冰层破坏过程中,见图 3-5。一些学者对环向裂纹和径向裂纹的竞争机制进行了研究[1-4],对于平整冰破坏过程中环向裂纹的优先性可总结出以下几点原因。

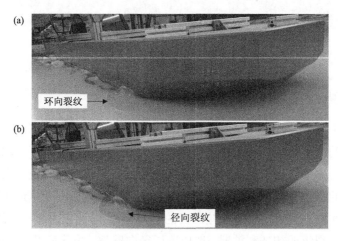

图 3-5　模型实验某次冰层破坏过程中的环向裂纹和径向裂纹发生顺序

(a)冰层破坏过程中产生环向裂纹;　(b)冰层破坏后,冰块翻转过程中产生径向裂纹

1. 裂纹扩展阻力

　　由于平整冰在水平方向上的延展,根据断裂力学原理,径向裂纹扩展过程中会在垂直于裂纹扩展方向受到较大的裂纹扩展阻力,所以需要消耗更多的能量以

使裂纹延伸。与之相比，环向裂纹的扩展方向接近平行于冰层的自由边界，所以其扩展阻力较小，一旦出现即可迅速扩展。

2. 动力学效应

海冰变形过程中存在一定的动力学效应。较快的船-冰相对碰撞速度可导致海冰上表面拉伸应力增加，而下表面拉伸应力减小，从而增强了海冰环向裂纹相对于径向裂纹的优势地位。

3. 海冰厚度方向上弹性模量的变化

海冰通常为横向各向同性材料，其弹性模量等材料特性在厚度方向上发生变化。由于厚度方向上的温度差异，上表面的弹性模量往往较高，下表面的弹性模量较低。厚度方向上弹性模量梯度的存在会使拉伸应力在上表面增大而在下表面减小，从而使环向裂纹占据优势。

3.1.3　海冰特征长度

海冰特征长度是船舶破冰问题的一个极其重要的表征参数，在环向裂纹法中常借助特征长度来计算冰层的破坏。如图 3-6 所示，冰层的受力变形和破坏问题常表征为弹性支座上的无限薄板弯曲问题，其弹性系数 k 对应单位面积上发生单位变形时海水的浮力，即 $k=\rho_\mathrm{w}g$，ρ_w 为海水密度，g 为重力加速度。基于结构力学中 Kirchhoff-Love 板的假设，在准静态过程中弹性支座上的薄板弯曲问题的控制方程为

$$D\left(\frac{\partial^4 w}{\partial x^4} + 2\frac{\partial^4 w}{\partial x^2 y^2} + \frac{\partial^4 w}{\partial y^4}\right) + kw = q \tag{3.1}$$

式中，q 为某一微元上的外部载荷；w 为板向下弯曲的变形；D 为板的弯曲刚度，可表达为

$$D = \frac{Eh_\mathrm{i}^3}{12\left(1-v^2\right)} \tag{3.2}$$

式中，E 为弹性模量；h_i 为冰厚；v 为泊松比。令 $l_\mathrm{c}=\left(\dfrac{D}{k}\right)^{0.25}$，即

$$l_\mathrm{c} = \left[\frac{Eh_\mathrm{i}^3}{12\rho_\mathrm{w}g\left(1-v^2\right)}\right]^{0.25} \tag{3.3}$$

并在式 (3.1) 两边同时除以 k，可得

$$\frac{\partial^4 w}{\partial \xi^4} + 2\frac{\partial^4 w}{\partial \xi^2 \eta^2} + \frac{\partial^4 w}{\partial \eta^4} + w = \frac{q}{k} \tag{3.4}$$

式中，ξ 和 η 为无量纲化的坐标，$\xi = \dfrac{x}{l_c}$，$\eta = \dfrac{y}{l_c}$，l_c 为冰的特征长度。式(3.4)将弹性基座上薄板变形问题的空间坐标 (x, y) 转化成量纲为一的 (ξ, η)，因此其求解不再取决于冰厚、弹性模量、泊松比等冰参数，而破冰问题的理论解或实验结果则可借助特征长度换算至任意的冰参数组合。由此可见，冰的特征长度 l_c 是破冰问题中的一个重要参数。在环向裂纹法中常采用特征长度作为参考基准来标定和计算破碎冰块的大小等指标。

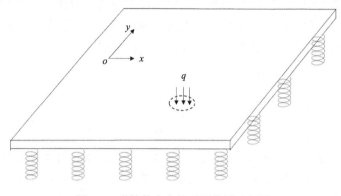

图 3-6　弹性基座上的无限薄板示意图

3.2　海冰环向裂纹法基本假定

3.2.1　方法简述

近年来，挪威、芬兰、中国、加拿大、德国等国家的学者提出和发展了基于环向裂纹法的冰载荷数值模拟方法。图 3-7 概括了海冰环向裂纹法的基本建模框架，图 3-8 为应用环向裂纹法模拟船舶破冰示例。其基本思路是：基于船舶在某一时刻的位置和冰场分布，探测船-冰接触面并计算接触力大小；根据接触力及接触区域的特征，应用适当的断裂判据来判断是否生成裂纹。若满足裂纹生成的条件，则在冰场中生成裂纹，从而更新冰场，模拟断裂。所计算的接触力大小用于求解船舶运动状态的改变，从而进入下一循环，实现船舶连续破冰计算。

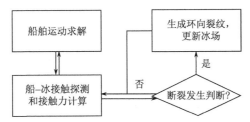

图 3-7　海冰环向裂纹法的基本建模框架

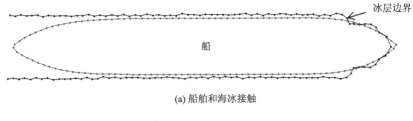

(a) 船舶和海冰接触

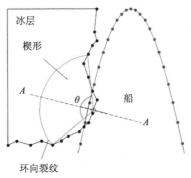

(b) 接触区域局部放大及楔形假设

图 3-8　应用环向裂纹法模拟船舶破冰示例[5]

与以计算固体力学为核心的数值方法相比，基于环向裂纹的数值方法不涉及微观尺度应力-应变场的数值方法求解，而是直接在船-冰接触尺度进行计算，根据船-冰接触的宏观特征形成断裂判据，以判断裂纹是否产生，从而为船舶尺度的运动求解提供输入，因此极大地减少了对计算资源的需求，方便实现船舶较长时间的连续破冰计算。其模拟的冰层破坏模式与实船破冰过程相似度较高，避免了因微观尺度的数值计算偏差导致的宏观现象失真。另外，基于环向裂纹法的冰载荷数值模拟方法可以灵活地设置随机的海冰厚度和各项力学参数，从而真实呈现冰载荷的时空分布及随机特性；其结果可用于冰载荷统计分析，为冰载荷概率预报提供重要参考。

3.2.2　基本假定

基于环向裂纹法的冰载荷数值模拟方法通常涉及以下假定：

(1)船–冰接触总是会引起冰层边缘的压溃破坏；

(2)冰层边缘与船体接触区域为楔形，如图3-8所示；

(3)环向裂纹的形状可以用圆弧等理想形状来近似；

(4)若船体多个位置同时与冰接触(图3-8)，可认为各接触彼此独立，不产生相互影响；

(5)冰为脆性材料，环向裂纹扩展过程中消耗的能量很少。

基于假定(1)，可推断船–冰接触过程中压溃破坏对于接触力的大小起决定性作用，因此无须进行弹性力的计算；通过几何形状相关的假定(2)和假定(3)，可在宏观尺度计算和模拟破冰过程，而无须进行应力–应变场的数值求解；假定(4)避免了各接触区域之间复杂的耦合效应,在模拟中可以对各船–冰接触处分别进行计算；基于假定(5)，在数值模拟中可认为裂纹发生后冰层即发生断裂，而无须计算裂纹扩展这一复杂的非线性过程。

3.2.3　适用范围

环向裂纹法主要适用于破冰船型的船体在平整冰或较大尺寸浮冰中航行的冰载荷计算。此类船型首部船体通常具有较大的外倾角度，便于形成垂向力，使冰层弯曲断裂，生成环向裂纹。环向裂纹法可对此过程中的船舶直航和操纵性进行预报。对于为在开阔水域航行而优化的船舶，其船首几乎垂直于冰面，在船–冰接触过程中冰层主要发生压溃破坏，其与环向裂纹之间的耦合十分复杂，学术界尚未对此类船舶在冰层中的航行进行系统的数值模拟研究。另外，对于船舶在小尺寸浮冰或碎冰中航行的情况，由于冰块很小，其行为近似于刚体，极少发生弯曲断裂，环向裂纹法不再适用，通常采用离散元等方法来模拟此类情况下的船舶运动和冰载荷。

3.3　海冰环向裂纹法数学模型

3.3.1　船舶运动模型

1. 船舶运动方程

如图3-9所示，在随船坐标系下，将原点设在重心处，X轴指向船首，Y轴指向左舷，Z 轴垂直向上。以 $(x, y, z, \varphi, \theta, \psi)$ 表示船舶位置状态，以 (u, v, w, p, q, r) 表示船舶六自由度速度，根据刚体动力学，船舶运动方程可表示为[6]

$$\begin{cases} m(\dot{u} + qw - rv) = F_X \\ m(\dot{v} + ru - pw) = F_Y \\ m(\dot{w} + pv - qu) = F_Z \\ I_x \dot{p} - I_{xy} \dot{q} - I_{xz} \dot{r} + (I_z r - I_{zx} p - I_{xy} q) q - (I_y q - I_{yz} r - I_{yx} p) r = M_X \\ I_y \dot{q} - I_{yx} \dot{p} - I_{yz} \dot{r} + (I_x p - I_{xy} q - I_{xz} r) r - (I_z r - I_{zx} p - I_{zy} q) p = M_Y \\ I_z \dot{r} - I_{zx} \dot{p} - I_{zy} \dot{q} + (I_y q - I_{yz} r - I_{yx} p) p - (I_x p - I_{xy} q - I_{xz} r) q = M_Z \end{cases} \quad (3.5)$$

式中，F_X、F_Y、F_Z、M_X、M_Y、M_Z 为六个自由度方向上外力的合力；m 为船舶质量；I 各项为惯性矩。令 $\boldsymbol{F} = (F_X, F_Y, F_Z, M_X, M_Y, M_Z)^{\mathrm{T}}$，$\boldsymbol{F}$ 可分解为水动力、水静力、重力、螺旋桨推力、舵力及冰作用力，分别对应以下各项：

$$\boldsymbol{F} = \boldsymbol{F}_{\mathrm{hd}} + \boldsymbol{F}_{\mathrm{hs}} + \boldsymbol{F}_{\mathrm{g}} + \boldsymbol{F}_{\mathrm{propeller}} + \boldsymbol{F}_{\mathrm{rudder}} + \sum \boldsymbol{F}_{\mathrm{ice}} \quad (3.6)$$

式 (3.6) 中应用求和符号的原因是，通常船体会在多个位置与冰接触，因此冰作用力为各离散力的合力。冰作用力又可分为船体与冰层接触力及与冰块接触力，计算时应分别求解。水动力包括附加质量力、阻尼力、波浪力、水流力等。通常船舶在海冰中航行时速度较低，水动力远小于冰作用力，水动力计算造成的误差对计算结果的影响很小，因此可采用简单方法计算船舶水动力。

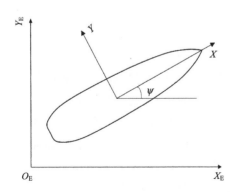

图 3-9　地固坐标系和随船坐标系

　　船舶在连续破冰运动中横摇幅度通常较小，在冰层厚度不大时，纵摇、垂荡亦不明显。此时，可应用平面三自由度运动方程来计算船舶运动，将式 (3.5) 的船舶运动方程进一步简化为

$$\begin{cases} m(\dot{u} - rv) = F_X \\ m(\dot{v} + ru) = F_Y \\ I_z \dot{r} = M_Z \end{cases} \tag{3.7}$$

相比于求解六自由度运动方程，在平面运动下，船舶运动和船-冰接触过程可在二维空间内求解，大大降低了计算复杂度。在冰层较厚导致船舶纵向运动明显时，可采用六自由度计算以获得更精确的结果。

2. 海冰运动方程

冰层破碎后形成的冰块在接触力作用下沿船体运动。由于冰块翻转和下沉，其运动只能以六自由度来计算，通常可在地固坐标系中计算冰块运动。对于任一冰块，其运动方程可表达为

$$(M + A)\ddot{r}(t) + B\dot{r}(t) + Cr(t) = F_{\text{ship}} + \sum F_{\text{ice}} \tag{3.8}$$

式中，$r(t)$ 为冰块在某一时刻的六自由度位置向量；M 为冰块质量；A 为附加质量；B 为阻尼系数；C 为重力和浮力作用下的恢复力系数；F_{ship} 为船-冰接触力；$\sum F_{\text{ice}}$ 为其他冰块与此冰块接触力的合力。与船舶受力不同，水动力对破碎冰块的运动影响较大，水动力计算的误差可能显著影响冰块运动的计算结果。

3.3.2　海冰挤压破坏模型

1. 海冰压溃

在船舶接触冰层边缘时，在接触力的作用下海冰边缘会发生压溃。海冰压溃涉及海冰在多轴压缩下的力学特性及离散冰粒与船体和冰层之间的相互作用。在船舶航行的背景和尺度下，对压溃过程进行详细建模并不现实。即使是以计算固体力学为核心的数值模拟方法也无法对这一脆性断裂过程进行准确计算。学术界通常采用塑性变形来表征压溃过程，假定冰与船接触时发生完全塑性变形，从而近似压溃过程中由脆性断裂导致的冰粒脱落。基于此假设，可将接触面上的平均压强假定为一个常数或与接触面积相关的函数，并与冰的压缩强度进行关联。学术界普遍采用幂律形式将接触面积 A_c 和接触面内平均压强 p 的一般关系表达为

$$p = CA_c^d \tag{3.9}$$

式中，C 的大小与冰的压缩强度密切相关，通常可用压缩强度或与其相关的值来近似；d 的取值为 $-1 \sim 0$，当其为 0 时，p 为常数。若以 F 表示接触力，则有

$$F = pA_\text{c} = CA_\text{c}^{d+1} \tag{3.10}$$

若接触面积给定，则由式(3.10)可以计算接触力的大小。如图 3-8 所示，数值模拟采用离散化的方法，将船和冰的几何形状以多段线或多面体来代替，以二者在二维平面或三维空间中的重合面积为基础来计算接触面积。基于塑性假设，船-冰接触力即可由接触面积经式(3.10)直接计算得到。

2. 海冰压屈

当接近垂直的船体与海冰接触时，接触力主要指向水平方向，在垂直方向上的分量几乎为 0。这种情况下，在压溃过程中冰层有时会因屈曲而生成类似于弯曲断裂的环向裂纹。由于垂直船体通常位于船舶平行中体位置，所以此现象在船舶转向过程中经常发生。针对这一问题，Zhou 等[7]提出将接触长度作为断裂判据。如图 3-10 所示，当船-冰接触区域的长度达到临界接触长度时，认为平面内挤压力会导致环向裂纹的产生，从而基于环向裂纹更新冰场。此断裂判据可表达为

$$L = L_\text{cr} \tag{3.11}$$

式中，L 表示接触长度；L_cr 表示临界长度。Gu 等[8]假设 L_cr 与冰厚成正比。

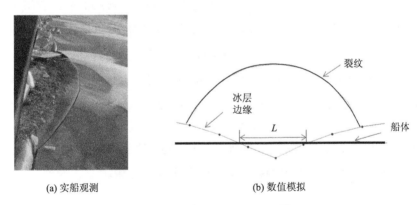

(a) 实船观测　　　　　　　　　　(b) 数值模拟

图 3-10　海冰压屈引起的环向裂纹[7]

对于垂直挤压过程中接触面内的压强，Zhou 等[5]采用 ISO 19906[9]中冰和结构物接触压力的模型，将压强表达为展弦比(L / h_i)的函数，即

$$p = C_\text{R} \left(\frac{h_\text{i}}{h_1} \right)^n \left(\frac{L}{h_\text{i}} \right)^m \tag{3.12}$$

式中，n 和 m 为经验系数，m 恒等于 -0.16，n 在冰厚 1m 以下取 $-0.5 + 0.2h_\text{i}$，在冰厚 1m 以上取 -0.3；h_i 为实际冰厚；h_1 为参考冰厚，取值为 1m；C_R 与压缩强

度 σ_c 相关，表达为

$$C_R = 1.08\sigma_c \tag{3.13}$$

对于恒定冰厚的冰层（h_i 不变），接触面积 A_c 与接触长度 L 成正比，可见式 (3.13) 是式 (3.9) 的一种特殊形式。

3. 接触力修正

环向裂纹法可在二维平面或三维空间中模拟船舶破冰的过程。如图 3-11 所示，当采用二维方法模拟船舶破冰航行时，在接触力垂直分量的作用下，冰层发生向下的弯曲变形，实际接触面积小于二维平面中探测得到的船-冰重合面积。因此，需要对二维平面内所探测的船-冰重合面积进行修正，从而计及弯曲变形的影响，估计实际接触面积。若以 δ_e 表示冰层边缘在垂直方向上的变形，δ_c 表示垂直方向上的实际压溃深度，δ_s 表示二维平面中探测得到的名义压溃深度，ψ 表示船体外倾角，由几何关系可得

$$\delta_e + \delta_c = \frac{\delta_s}{\tan\psi} \tag{3.14}$$

以 $A(\delta_c)$ 表示垂直方向上压溃深度为 δ_c 时的实际接触面积，$F(\delta_e)$ 表示冰层边缘变形为 δ_e 时的船-冰接触力，代入式 (3.10) 可得

$$F(\delta_e) = CA(\delta_c)^{d+1} \tag{3.15}$$

式中，$A(\delta_c)$ 可由简单几何关系建立，见图 3-12；$F(\delta_e)$ 可由弹性基座上的等截面梁（参考文献[10]）或楔形梁的弯曲方程（参考文献[11]）建立。由式 (3.14) 和式 (3.15) 即可求解得到 δ_e 和 δ_c 的值，从而得到实际接触力 F。δ_e 的大小与冰层弯曲刚度有很大关系。若冰层弯曲刚度很大，则边缘变形微小，即 δ_e 接近于 0，此时接触面积即为二维平面中探测得到的船-冰重合面积。

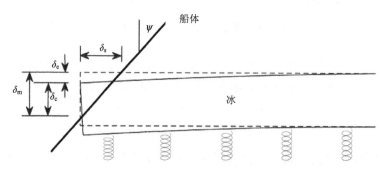

图 3-11　冰层边缘垂向变形引起的接触面积改变

虚线表示不考虑变形的压溃情况，实线表示考虑变形的压溃情况

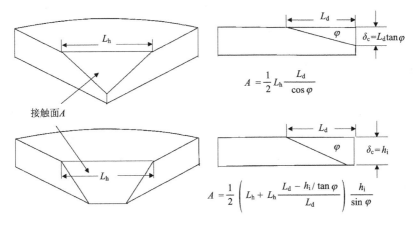

图 3-12　接触面积与接触面各参数的几何关系

L_h 为压溃宽度，L_d 为压溃深度

3.3.3 弯曲断裂数学模型

为实现破冰模拟，对于探测得到的船-冰接触情形，需要根据接触力、接触区域及冰力学特性等因素，判定环向裂纹是否产生，并估计裂纹产生的位置和扩展轨迹(图 3-8)。可采用经验方法、解析方法或元模型方法实现弯曲断裂的计算，模拟环向裂纹。经验方法的优势在于，其来自实测，能够较准确地反映实际情况；解析方法和元模型方法均基于第一性原理，可以更好地反映待求量与各影响因素之间的关系；相比于解析方法，元模型方法具有更高的精确度，但建模过程更为复杂。

1. 经验方法

经验方法通常采用较简单的数学形式，结合实际观察和测量，通过拟合方法得到合理的经验公式，以计算待求量。对于船-冰接触问题，需要计算冰层承载能力，并估计破碎后冰块的大小和形状。Wang[12]总结和整合了对冰层承载能力的实验研究，提出了以下经验公式来计算冰层承载能力：

$$P_f = C_f \sigma_f h_i^2 \left(\frac{\theta}{\pi}\right)^2 \tag{3.16}$$

式中，P_f 为冰层所能承受的力的大小；θ 为图 3-8 中冰层边缘的楔形开角；σ_f 为冰的弯曲强度；h_i 为冰厚；C_f 为由海冰力学实验结果总结得到的经验系数。此经验公式合理反映了冰层承载能力与海冰力学特性及接触区域几何形状之间的关系。

当冰层所受垂向力大于冰层承载能力时，冰层弯曲断裂，产生环向裂纹。Wang[12]假设环向裂纹是以接触点为圆心的圆弧，综合文献中关于破碎冰块尺寸的实验研究，提出了计算破碎冰块半径的经验公式：

$$r = C_1 l_c \left(1 + C_v v_n\right) \tag{3.17}$$

式中，r 为圆弧半径；v_n 为船-冰在垂直于接触面方向上的相对速度；C_1 和 C_v 为经验系数；l_c 为冰层的特征长度，其值由式(3.3)计算获得。式(3.17)考虑了相对运动速度对环向裂纹出现位置的影响，反映了实际观测中破碎冰块尺寸随航速的增大而减小的现象。式(3.16)和式(3.17)为环向裂纹计算提供了快速有效的理论基础，被学术界广泛采用[5,10-13]。

2. 解析方法

针对冰层弯曲问题，Nevel[14]推导得到了弹性基座上的无限长狭窄楔形梁在垂向力作用下变形的解析解，为计算环向裂纹提供了另一种思路。如图 3-13 所示，Nevel 假设一根放置在弹性基座上的小开角楔形梁在接触力作用下向下弯曲，以 $w(x)$ 表示梁在 x 位置处向下的变形，基于欧拉-伯努利梁假设，取梁上一微段建立其力的平衡方程，考虑到截面面积在 x 方向上的变化，可建立楔形梁问题的控制方程：

$$\frac{\mathrm{d}^4 y}{\mathrm{d}\chi^4} + \frac{2}{\chi}\left(\frac{\mathrm{d}^3 y}{\mathrm{d}\chi^3}\right) + w = q(\chi) \tag{3.18}$$

此方程实质上是式(3.4)的一种特殊形式。式中，$\chi = \dfrac{x}{l_c}$ 为无量纲化的位置坐标；l_c 为冰层的特征长度；$q(\chi)$ 为单位长度上的载荷，在加载区外其值为 0。

式(3.18)中等号左边第二项是楔形梁与均匀截面梁的主要区别，来源于其截面面积在 x 方向上的线性变化。Nevel 对此方程进行了理论求解，求解过程在此不进行详细介绍。最终，Nevel 得到的该问题的闭合解可简单表达为

$$w = A f_1(\chi) + B f_2(\chi) \tag{3.19}$$

式中，$f_1(\chi)$ 和 $f_2(\chi)$ 为级数形式的 χ 的函数；A 和 B 分别为其系数，其值可由加载区域边缘的边界条件求得。根据梁的变形理论，在 χ 处梁的上表面因为弯曲而产生的拉伸应力为

$$\sigma(\chi) = \frac{Eh}{2} \frac{\mathrm{d}^2 w}{l_c^2 \mathrm{d}\chi^2} \tag{3.20}$$

当 $\sigma(\chi)$ 沿 χ 方向最大值达到梁的弯曲应力时，可认为环向裂纹产生，最大

$\sigma(\chi)$ 所在位置即为环向裂纹生成的位置。以 Nevel 方法为基础，Lubbad 和 Løset[15] 及 Li 等[16]分别开发了基于环向裂纹法的冰载荷数值模拟系统。

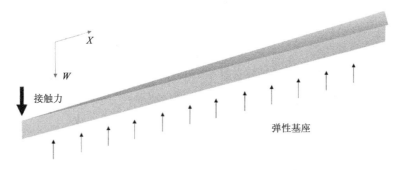

图 3-13　弹性基座上的楔形梁

3. 元模型方法

解析方法虽然可以为环向裂纹的产生提供快速求解方案，但是需要对船-冰接触问题进行理想化处理，以使理论推导可行。例如，冰层边缘形状需假定为楔形，冰层变形过程需假定为准静态等。这些假定均会对结果产生影响，造成计算偏差。应用计算力学方法可以在一定程度上规避以上问题，对船-冰接触问题进行更准确的计算，但其计算量极大，不利于在船舶尺度进行快速计算。

为实现环向裂纹的快速精确求解，Li 等[16]提出了元模型的概念。元模型方法的核心思想是建立模型的模型，即对复杂数值模拟的计算结果进行高精度拟合，从而得到准确快捷的计算方法。对于船-冰接触问题，可应用计算力学方法，对一定数量的船-冰接触算例进行计算，从结果中提取关键输入-输出参数，对其进行拟合分析，从而得到回归公式，用于环向裂纹的计算。Li 等[2]应用有限元法进行了大量船-冰接触计算，以冰层边缘几何形状及加载情况为输入参数，冰场中第一主应力的最大值及其到接触面中心的距离为输出参数，应用神经网络方法拟合输入-输出参数的对应关系，最终得到如下形式的回归方程：

$$y = \boldsymbol{w}_2^{\mathrm{T}} s(\boldsymbol{W}_1 \boldsymbol{x} + \boldsymbol{b}_1) + b_2 \tag{3.21}$$

式中，$\boldsymbol{W}_1$ 和 $\boldsymbol{w}_2$ 为加权项；$\boldsymbol{b}_1$ 和 b_2 为偏置项，均由拟合得到；$s(\bullet)$ 为 sigmoid 函数；$\boldsymbol{x}$ 为包含冰层边缘几何形状及加载情况的参数向量；y 为第一主应力的最大值或其所在位置。方程(3.21)即为有限元模型的元模型，应用此回归方程，可在不使用计算力学的情况下，快速计算环向裂纹参数，实现快速精确的船舶破冰计算。

类似的建模方法在 Tan 等[17]的方法中亦有体现。由于式(3.16)在计算冰层承载能力时未考虑船-冰相对运动速度的影响，Tan 等参考 Varsta[18]的有限元计算结果，对其进行拟合分析，从而对式(3.16)进行修正，使其包含速度项，即

$$P_f = \left(1.65 + 2.47 v_n^{0.4}\right) \sigma_f h_1^2 \left(\frac{\theta}{\pi}\right)^2 \tag{3.22}$$

式中，v_n 为垂直于接触面方向上的船-冰相对速度。由此公式计算得到的冰层承载能力随船-冰相对运动速度的增大而增大，有效反映了变形过程中由冰和水的惯性带来的动态影响，形式简单，避免了复杂的动态问题的计算。

4. 计算方法比较

以上几类方法在不同学者发展的环向裂纹法数值模型中均有应用。三类方法各有优势，也各有不足。表 3-1 列举了三类方法在环向裂纹法模拟冰载荷中的比较情况。在实际建模过程中，应根据需要选择适当的方法，并尝试结合不同的方法来提高计算精度。

表 3-1　环向裂纹计算方法比较

方法	经验方法	解析方法	元模型方法
基本思想	拟合实测数据	理论推导闭合解	拟合数值计算结果
优点	相比于其他方法，来源于实际测量结果，可信度更高	相比于经验方法，更有效地反映各相关参数对冰层承载能力和破碎冰块大小的影响	比经验方法更能有效地反映各相关参数对冰层承载能力和破碎冰块大小的影响；相比于解析方法更加精确
缺点	精确度取决于实测数据库的数据量、数据多样性及精度	需基于大量假定，如弹性基座、楔形梁、弹性体假设、准静态过程等，影响精度	虽然相比于解析方法更加灵活，但同样需要一系列假定，如冰的材料模型等
难点	收集足量可靠数据	推导求得闭合解	进行大量数值计算

3.3.4　冰块浸没载荷模型

环向裂纹法可以较好地模拟冰层破碎和船舶运动过程，然而对于破碎过程中形成的大量冰块，想要快速精确地模拟其运动十分困难。冰块运动涉及船-冰-水的复杂耦合，且大量冰块相互碰撞，影响彼此的运动状态。目前，学术界对于冰块浸没的计算方法可分为两类：一类采用直接计算方法(如离散元法)模拟冰块运动，从而计算船舶受力；另一类采用经验公式方法计算冰块浸没阻力。直接计算方法是基于式(3.8)求解冰块运动，通常需要假定冰块的附加质量及阻尼系数，并

应用弹性模型计算冰块之间的接触力。由于大量冰块的存在，在数值模拟中需要设立特定的模块来计算冰块运动。

直接计算方法可以对冰块运动进行精细计算，区分不同船型、不同航速和不同冰厚下的冰块运动特征，但是需要极大地简化冰块运动过程中的水动力，假定恒定的附加质量和阻尼系数来进行计算，因此精确度仍需大量验证。由于船舶破冰问题的大尺度和多物理性，应用计算流体力学方法来改善水动力计算十分困难。与之相比，现有的冰阻力经验公式可以较好地计算冰块浸没阻力。在环向裂纹法模拟船舶破冰的应用中，常采用 Lindqvist[19]公式来计算冰块浸没阻力。Lindqvist[19]基于实际尺度实验值和模型实验相关性分析，评估了冰破碎之后滑动至船模底部的浸没阻力大小。Lindqvist 从模型实验观测中获得了船体被不同尺度冰片覆盖的区域，通过覆盖区域大小计算浸没阻力，并从能量角度把浸没阻力考虑为船-冰相互作用下势能损失和静摩擦力的总和：

$$R_S = (\rho_w - \rho_i)gh_iB\left[\frac{T(B+T)}{B+2T} + k\right] \tag{3.23}$$

其中，

$$k = \mu\left(0.7L - \frac{T}{\tan\varphi} - \frac{B}{4\tan\alpha} + T\cos\varphi\cos\psi\sqrt{\frac{1}{\sin^2\varphi} + \frac{1}{\tan^2\alpha}}\right)$$

式中，R_S 为浸没阻力；L、B、T 分别为船长、船宽和吃水；h_i 为冰厚；α 为进流角；ψ 为外倾角；φ 为纵倾角；ρ_w 为海水密度；ρ_i 为海冰密度；μ 为摩擦系数。

Lindqvist 公式仅给出了船舶在前进方向上的阻力大小。Su 等[13]对 Lindqvist 公式进行了扩展，使其可以应用到三自由度运动中：

$$\begin{cases} R_{S,x} = R_S \dfrac{u}{\sqrt{u^2+v^2}} \\ R_{S,y} = R_S \dfrac{v}{\sqrt{u^2+v^2}} \end{cases} \tag{3.24}$$

由于船首部位的船底通常覆盖大量冰块而船尾部位冰块较少，Li 等[11]假设横向力 $R_{S,y}$ 可等效为作用在船中向前 0.25L 处的集中力，基于此可计算艏摇方向的阻力矩（M）：

$$M = 0.25R_S L \frac{v}{\sqrt{u^2+v^2}} \tag{3.25}$$

3.3.5　船体弹塑性数学模型

在 3.3.2 节中介绍了船舶与海冰接触过程中，由海冰变形产生的接触面积变化。实际上在接触力的作用下，船体同样会产生变形，一部分船-冰碰撞过程中的能量因此转化为船体结构的应变能。在船舶破冰模拟中，应当采用适当方法来考虑船体变形的影响。相比于计算固体力学方法，环向裂纹法可以方便地计及此项影响，有效模拟船体与海冰之间的耦合作用。

如图 3-14 所示，当应用环向裂纹法模拟船舶破冰运动时，船体通常离散为一系列节点。若将节点设立在船体结构承载位置，如各肋骨位置，并使节点位置随其受力大小而变动，则可以近似船-冰接触力作用下的船体变形。根据实际船舶结构，可对每个节点分配相应的弹性系数和塑性特征，使其正确反映实际船体在受力下的变化规律，并对船-冰接触面积进行修正。

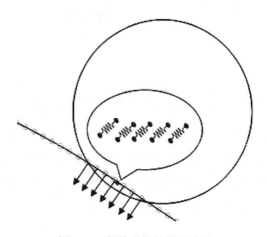

图 3-14　船体弹塑性数学模型

船体弹塑性数学模型的关键在于正确设置节点弹塑性特征，由于船体结构复杂，很难通过解析方法解决此问题。有限元法为节点弹塑性特征的确立提供了有效的工具。根据极地船舶实际航行破冰情况，挑选破冰过程中的结构特征位置，即船首、船中、船尾涉冰区肋骨节点及船首涉冰区骨材节点，对它们依次施加垂直于节点表面的集中单位载荷，可通过有限元分析确定各节点的弹性系数，用于环向裂纹法的计算。若需计及船体塑性变形，则需要通过有限元分析对每一个节点进行多种载荷计算，得到其力-位移变化曲线，再应用到船舶破冰模拟中。

3.4　海冰环向裂纹法的验证

前面几节介绍了环向裂纹法的理论框架和常用方法。在此理论框架内，开发者可以采用不同的方法组合建立其数值模拟系统。本节将分别以 Zhou 等[5]和 Li 等[16]开发的数值模拟系统为例，介绍环向裂纹法模拟船舶破冰航行的基本特点，并与冰水池实验及实船试验进行对比验证，总结归纳环向裂纹法在冰载荷预报方面的优势和未来发展方向。

3.4.1　冰水池实验验证

Zhou 等[7]在芬兰阿尔托大学冰水池进行了一系列低速状态下的船舶破冰实验。该实验室为边长 40m 的方形水池，配备横跨在冰水池上方沿横向移动的大型拖车及沿纵向移动的小型拖车。通过喷雾和调节温度，该实验室可以制造满足冰厚和冰强度要求的细颗粒模型冰。

实验船体模型为一极地双底式破冰油轮"MT Uikku"号，其主要参数列举在表 3-2 中。模型实验中几何缩尺比为 31.56。实验前，将船舶模型调节至水平状态，使船舶的重心和浮心在纵向和横向上保持一致。装有刚性圆管和长梁的上部悬架与拖车及载荷测量设备刚性固定。

表 3-2　"MT Uikku"号主要参数

项目	符号	数值	单位
船长（水线）	L	150	m
船宽	B	21.3	m
吃水	T	9.5	m
冰级		IA Super	
排水量	DT	22084	t

表 3-3 列举了实验包括的测试工况。实验涉及两次制冰，对应全尺度厚度分别为 1.04m 和 0.63m。每次实验前均进行冰力学特性测量，以标定其弯曲强度、挤压强度和弹性模量。实验设计了 0.2m/s、0.5m/s 和 1.0m/s 三个冰速，以探究冰速对于载荷的影响。另外，在实验开始前进行了水密度、冰密度及摩擦系数的测量，见表 3-4。

表 3-3 对应实船尺度下的测试工况及冰力学特性

工况编号	冰厚/m	冰速/(m/s)	弯曲强度/kPa	挤压强度/kPa	弹性模量/MPa
301	1.04	0.2	540	2477	1474
302	1.04	0.5	669	2485	1273
303	1.04	1.0	592	2397	1390
402	0.63	0.5	1029	5389	2058
403	0.63	1.0	903	4616	1805

表 3-4 模型冰特性

项目	符号	数值	单位
水密度	ρ_w	989	kg/m³
冰密度	β	906	kg/m³
摩擦系数	μ	0.045	—

图 3-15 展示了破冰实验中所拍摄的冰层图像，其中图 3-15(a) 为船舶破冰后船首部冰块恢复本来位置后的图案，从图中可以明显看到大量环向裂纹的存在。这与环向裂纹法的基础原则一致。船舶正是通过环向裂纹不断破坏冰层，形成离散冰块并将其排开，从而在冰层中航行。图 3-15(b) 为船舶破冰后形成的冰通道，可以看到其边缘由不规整的圆弧和楔形组成，与图 3-8 中模拟结果形态相似。

为验证数值模拟方法，Zhou 等[5]应用其模型对表 3-3 中的各工况进行了模拟计算。此模型为基于环向裂纹法的三自由度船舶破冰数值模拟系统，应用式 (3.12) 进行压屈破坏计算，采用式 (3.16) 和式 (3.17) 进行冰层承载能力和环向裂纹计算。Zhou 等从结果中提取了横向力和纵向力，并与测量结果进行比较。

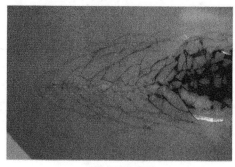

(a)首部破冰图案

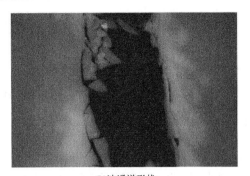

(b)冰通道形状

图 3-15　冰水池实验船舶破冰后冰层图像[7]

表 3-5 汇总了数值模拟和模型实验的对比结果。总体来看，计算结果误差较小，能够较为准确地计算船舶破冰阻力。

表 3-5　数值模拟和模型实验对比

工况编号	数值模拟/kN	模型实验/kN	误差/%
301	571	540	5.7
302	829	830	−0.1
303	813	780	4.2
402	316	290	8.7
403	344	390	−11.8

以工况 301 为例，图 3-16(a)展示了在对应全尺度 1.04m 厚的海冰中以 0.2m/s 航行时，破冰阻力的实验结果和模拟结果对比。从图中可以看出，模拟结果很好地呈现了破冰阻力的大小和变化，其均值和幅值均与实验结果相似，证明了其良好的阻力预报能力。

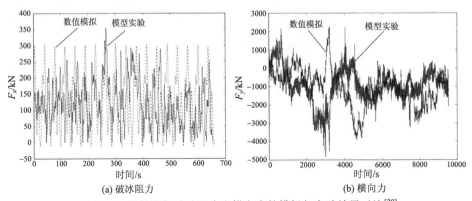

(a) 破冰阻力　　　　　　　　　　　(b) 横向力

图 3-16　船舶直航破冰阻力和横向力的模拟与实验结果对比[20]

在船舶直航过程中,除了船首位置外,船中位置两侧受到冰的挤压,也会产生相当大的载荷。由于冰层破坏的随机性,船舶受到的侧向力变化很大。图3-16(b)比较了数值模拟和模型实验中船舶遭受横向力的变化曲线,可见破冰过程中横向力可以达到很高的幅值,模拟结果合理地反映了横向力的随机特性和波动程度。

3.4.2 实船试验验证

Suominen 等[21]在极地科考供应船"S. A. Agulhas II"号波罗的海海试期间进行了一系列船舶破冰性能测试。表3-6列举了该船相关的主要参数。"S. A. Agulhas II"号配备了两台可变螺距桨,可通过调整螺距来优化其破冰或敞水航行性能。

表3-6 "S. A. Agulhas II"号主要参数

项目	符号	数值	单位
船长(水线)	L	134.2	m
船宽	B	21.7	m
吃水	T	7.65	m
冰级		PC5	
排水量	DT	13687	t
主机功率	P	9000	kW
螺旋桨直径	D_p	4.5	m
敞水速度	v_{ow}	16	kn

相比于模型实验,由于实际环境的复杂性,测试过程中的环境参数(如冰厚)和动力参数(如功率)很难保持恒定,因为完全均匀、不含冰脊的冰场很罕见。因此,需要对数据进行甄别和筛选,选择冰厚较为均匀、冰况可近似为平整冰,且速度变化幅度较小的时间段进行进一步研究。"S. A. Agulhas II"号装配了冰厚光学测量装置和电磁测量装置,可对冰层厚度及冰层以下碎冰厚度进行较为准确的测量。另外,船上搭载了冰情观测摄像机,可根据记录的视频选择平整冰航行区段。船舶行进过程中,船速、主机功率、螺旋桨转速及螺距等信息均被保存下来。

Li 等[16]选择了三段"S. A. Agulhas II"号在平整冰中航行的数据。这三段数据中根据光学测量得到的冰层厚度较为均匀,电磁测量装置显示此处冰脊很少且厚度较小,因此对于船速影响不大。表3-7汇总了该船在这三段时间内所遇海冰的参数和船舶动力参数。

表 3-7　所选破冰情景下的海冰参数和船舶动力参数

情景	冰厚/m	冰脊情况	平均功率/kW	螺距比
1	0.31	350m 处有一个小冰脊	5389	0.74
2	0.27	230m 和 780m 处各有一个小冰脊	4181	0.66
3	0.32	无冰脊	1952	0.59

与模型实验不同，实船试验中船舶阻力无法直接测得，只能通过螺旋桨轴力测量或应用功率等动力参数进行估算。由于螺旋桨轴力测量较为复杂，大多数情况下需通过动力参数估算推力，进而根据船舶运动状态计算推力。Li 等[16]采用净推力计算方法来计算船舶可用于破冰的推力大小，从而应用其环向裂纹法数值模型模拟 "S. A. Agulhas II" 号在上述三个场景下的破冰航行，得到其速度的时历变化，并与实测数据进行比较。如图 3-17 所示，模拟船速与实际船速变化趋势一致，且误差均在 10% 以下，证明此模型可以有效计算该船在实际冰况下的航行性能。可以看到，由于冰脊的存在，情景 1 和情景 2 中实测船速在冰脊位置处存在较小的波动。

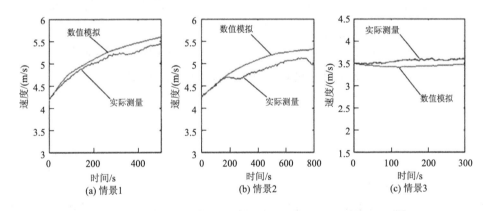

图 3-17　三个破冰情景下实测船速和数值模拟船速变化比较[16]

除了船速之外，Li 等对随船相机拍摄的冰层破坏图片进行了测量。如图 3-18所示，Li 等选择了 100 张可以较为清晰分辨裂纹位置的图片进行分析，提取其几何参数，并与模型计算的环向裂纹参数进行对比。

图 3-19 比较了模拟和测量得到的破碎冰块开角及裂纹中点到接触面的距离。其中，冰块开角的统计范围为 45°～60°、60°～75°、75°～90°、90°～105°、105°～120°、120°～135°、135°～150°、150°～165°、165°～180°，距离的统计范围为 0.5～1m、1～1.5m、1.5～2.0m、2.0～2.5m、2.5～3.0m。可以看到，基于环向裂纹法

的数值方法可以较好地还原破冰过程中破碎冰块的几何特征,具有很好的保真度。

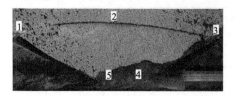
(a) 实际拍摄图片及选点

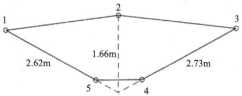
(b) 基于提取的各点坐标进行的几何特征测量

图 3-18 破碎冰块几何特征提取[16]

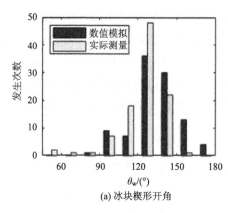
(a) 冰块楔形开角

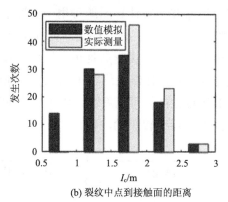
(b) 裂纹中点到接触面的距离

图 3-19 数值模拟和实测破碎冰块几何特征比较[16]

3.5 小   结

本章介绍了基于海冰环向裂纹法模拟船舶破冰航行的理论基础和建模方法。此方法的核心在于提取船-冰接触的关键宏观特征,结合适当的断裂判据来判定裂纹的产生,并对裂纹形态进行合理估计,从而实现冰层破坏和船舶运动模拟。其优势在于计算需求小,适用场景多,建模方法灵活。该方法经过近些年的发展,已经形成较为成熟的理论框架,针对每个子问题提供了相应的建模方法。对于环向裂纹相关的弯曲断裂问题,已经形成经验方法、解析方法和元模型方法等多种建模方法。目前,海冰环向裂纹法数值模拟已经能够较为成熟地模拟冰层破坏过程,对船舶快速性与操纵性、冰阻力及局部载荷给出了合理的估计。在之后的章节里,将对环向裂纹法的各种应用场景进行案例分析。

参 考 文 献

[1] Xu Y, Kujala P, Hu Z Q, et al. Numerical simulation of level ice impact on landing craft bow considering the transverse isotropy of Baltic Sea ice based on XFEM[J]. Marine Structures, 2020, 71: 102735.

[2] Li F, Kõrgesaar M, Kujala P, et al. Finite element based meta-modeling of ship-ice interaction at shoulder and midship areas for ship performance simulation[J]. Marine Structures, 2020, 71: 102736.

[3] Kim J H, Lu W J, Lubbad R, et al. Dynamic bending of an ice wedge resting on a winkler-type elastic foundation[J]. Cold Regions Science and Technology, 2022, 199: 103579.

[4] Lu W J, Lubbad R, Løset S, et al. Fracture of an ice floe: Local out-of-plane flexural failures versus global in-plane splitting failure[J]. Cold Regions Science and Technology, 2016, 123: 1-13.

[5] Zhou L, Riska K, Ji C Y. Simulating transverse icebreaking process considering both crushing and bending failures[J]. Marine Structures, 2017, 54: 167-187.

[6] Clayton B R, Bishop R E D. Mechanics of Marine Vehicles[M]. London: Spon, 1982.

[7] Zhou L, Chuang Z J, Ji C Y. Ice forces acting on towed ship in level ice with straight drift. Part I: Analysis of model test data[J]. International Journal of Naval Architecture and Ocean Engineering, 2018, 10(1): 60-68.

[8] Gu Y J, Zhou L, Ding S F, et al. Numerical simulation of ship maneuverability in level ice considering ice crushing failure[J]. Ocean Engineering, 2022, 251: 111110.

[9] ISO 19906. Petroleum and natural gas industries—Arctic offshore structures[S]. ISO Copyright Office, 2019.

[10] Zhou Q, Peng H, Qiu W. Numerical investigations of ship–ice interaction and maneuvering performance in level ice[J]. Cold Regions Science and Technology, 2016, 122: 36-49.

[11] Li F, Goerlandt F, Kujala P. Numerical simulation of ship performance in level ice: A framework and a model[J]. Applied Ocean Research, 2020, 102: 102288.

[12] Wang S Q. A dynamic model for breaking pattern of level ice by conical structures[J]. Acta Polytechnica Scandinavica Mechanical Engineering Series, 2001, (156): 1-94.

[13] Su B, Riska K, Moan T. A numerical method for the prediction of ship performance in level ice[J]. Cold Regions Science and Technology, 2010, 60(3): 177-188.

[14] Nevel D E. The narrow free infinite wedge on an elastic foundation[J]. Narrow Free Infinite Wedge on An Elastic Foundation, 1958.

[15] Lubbad R, Løset S. A numerical model for real-time simulation of ship–ice interaction[J]. Cold Regions Science and Technology, 2011, 65(2): 111-127.

[16] Li F, Kotilainen M, Goerlandt F, et al. An extended ice failure model to improve the fidelity of icebreaking pattern in numerical simulation of ship performance in level ice[J]. Ocean

Engineering, 2019, 176: 169-183.

[17] Tan X, Riska K, Moan T. Effect of dynamic bending of level ice on ship's continuous-mode icebreaking[J]. Cold Regions Science and Technology, 2014, 106: 82-95.

[18] Varsta P. On the Mechanics of Ice Load on Ships in Level Ice in the Baltic Sea[M]. Espoo: Technical Research Centre of Finland, 1983.

[19] Lindqvist G. A straightforward method for calculation of ice resistance of ships[C]. POAC'89, 1989.

[20] Zhou L, Chuang Z J, Bai X. Ice forces acting on towed ship in level ice with straight drift. Part II: Numerical simulation[J]. International Journal of Naval Architecture and Ocean Engineering, 2018, 10(2): 119-128.

[21] Suominen M, Karhunen J, Bekker A, et al. Full-scale measurements on board PSRV S. A. Agulhas II in the Baltic Sea[C]. Proceedings of the International Conference on Port and Ocean Engineering Under Arctic Conditions, Espoo, 2013.

第4章 船舶冰阻力数值预报

当船舶在冰区航行时，海冰与船舶的相互作用会产生纵向附加合力，称为船舶冰阻力。目前，预测船舶冰阻力的方法主要包括理论方法、试验方法和数值模拟方法。无论是纯理论模型还是经验公式，都建立在大量假定条件和近似情况的基础上，适用范围有限。虽然试验方法可以更直接和更准确地预测船舶冰阻力，但实船试验和船模试验受到试验条件和测试费用的限制，不能广泛且方便地应用于研究中[1]。相比试验方法和理论方法，数值模拟方法可以更深入地考虑破冰过程的细节。例如，应用全船型线计算冰层在各个位置的实际受力等，因此总的来说，数值模拟方法更加精确，适用性更广。利用第3章提到的环向裂纹法，可以对船舶的破冰过程进行快捷的、准确的全过程模拟，得到冰载荷的历时和位置分布情况，进而提供全面的船舶破冰性能评估。本章将介绍应用较为广泛的船舶冰阻力预测方法，并重点介绍环向裂纹法在船舶冰阻力预测中的应用，同时以具体算例来展示其特点和优势。

4.1 冰阻力预报规范方法

极地船舶规范一般是从安全性角度对船体和螺旋桨强度及船用设备选择提供参考，有时对于船舶破冰阻力及航行性能不做明确要求。针对在波罗的海地区航行的商船，《芬兰-瑞典冰级规范》[2] (*Finnish-Swedish Ice Class Rules*, FSICR) 对不同冰级船舶对应的最小主机功率进行了规定，从而保障冬季波罗的海区域港口的畅通。不同冰级对应船舶在不同厚度碎冰航道中的航行能力。FSICR 冰级规则划分如表 4-1 所示。

表 4-1 FSICR 冰级规则划分

冰级	说明
IA*	1.0m+0.1m 上部固结厚度
IA	1.0m
IB	0.8m
IC	0.6m

为计算船舶破冰航行所需的主机功率，FSICR 提供了船舶在航行中受到冰阻力（R_{CH}）的计算公式[2]，适用于冰道中有碎冰及坚固冰层的冰阻力计算：

$$R_{CH} = C_1 + C_2 + C_3 C_\mu \left(H_F + H_M\right)^2 \left(B + C_\psi H_F\right) + C_4 L_{PAR} H_F^2 + C_5 \left(\frac{LT}{B^2}\right)^3 \frac{A_{wf}}{L} \quad (4.1)$$

$$C_\mu = 0.15\cos\varphi_2 + \sin\psi\sin\alpha, \quad C_\mu \geqslant 0.45 \quad (4.2)$$

$$C_\psi = 0.047\psi - 2.115, \quad \psi \leqslant 45°, \quad C_\psi = 0 \quad (4.3)$$

$$H_F = 0.26 + \left(H_M B\right)^{0.5} \quad (4.4)$$

式中，$H_M=1\text{m}$ 对应于冰级 IA 和 IA*，$H_M=0.8\text{m}$ 对应于冰级 IB，$H_M=0.6\text{m}$ 对应于冰级 IC。当冰级为 IA、IB、IC 时，C_1 和 C_2 为 0；当冰级为 IA*时，需考虑 0.1m 厚的固结冰，此时 C_1 和 C_2 分别为

$$C_1 = f_1 \frac{BL_{PAR}}{2\frac{T}{B}+1} + \left(1 + 0.021\varphi_1\right)\left(f_2 B + f_3 L_{Bow} + f_4 B L_{Bow}\right) \quad (4.5)$$

$$C_2 = \left(1 + 0.063\varphi_1\right)\left(g_1 + g_2 B\right) + g_3 \left(1 + 1.2\frac{T}{B}\right)\frac{B^2}{\sqrt{L}} \quad (4.6)$$

式中，L_{Bow}、L_{PAR} 分别为船体首部的长度和平行中体的长度。冰阻力公式系数如表 4-2 所示，其他参数均参考 FSICR[2]。

表 4-2　冰阻力公式系数

变量	数值	单位
f_1	10.3	N/m^2
f_2	45.8	N/m
f_3	2.94	N/m
f_4	5.8	N/m^2
g_1	1530	N
g_2	170	N/m
g_3	1.55	N/m$^{1.5}$

4.2　经验公式法

4.2.1　经验公式发展概述

目前，在冰区船舶阻力预报方法中，以模型实验和实测数据为基础的经验公

式法是一种传统的重要方法。经验公式预报方法基于一定数量的实验结果,结合适当的理论分析,形成半经验、半理论的数学公式,用于冰阻力预报。经验公式法具有计算简便、易于使用的优点,通常对于特定船型具有较好的计算精度。

　　经验公式法一般根据物理背景将冰阻力分解成几个独立部分。Kashteljan 等[3]首次提出了经验预测公式,该公式由破冰阻力、浸没阻力和破碎冰片的旋转阻力三部分组成。Lewis 和 Edwards[4]提出了连续破冰模式下的经验公式,通过实船尺度和模型尺度的相关性分析,对当时破冰船型的冰阻力预测具有很好的指导意义。Edwards 和 Major[5]对经验公式进行了修正,将船型扩展到内湖破冰船型,并对美国海岸警卫船"Mackinaw"号进行了冰阻力评估,结果与实测结果相符。此外,Enkvist[6]在冰水池中对"Moskva-class"号、"Finncarrier"号和"Jelppari"号进行了测试,并进行了半经验公式回归,考虑了各种冰力学参数的性质和船型参数。Vance[7]对包含船长和船宽的回归公式进行了回归分析,以及对五艘相似船型的冰阻力进行了分析,分析结果与实测结果相符。然而,这些研究使用的破冰船型都是 20 世纪 50 年代左右的中小尺度船舶,不适用于极地航行大型船舶的阻力评估。此外,摩擦阻力分量受到船体表面涂层的影响,该涂层与冰的动摩擦系数并未考虑在内,导致摩擦阻力预测不准确,并且量纲分析不完善,导致相关性分析结果存在偏差。

　　为评估破冰船型性能,Lindqvist、Spencer[8]、Keinonen 等[9]、Risk、Valanto[10]开发了几种冰阻力预测公式,并应用于破冰船型初步概念设计中。Kim 等[11]通过考虑破冰船尾部的双 V 形和三 V 形等特殊形态(图4-1),进一步发展了 Shimanskii 所建立的冰阻力经验公式,然而采用传统的经验公式来准确预测这些形态尾部的冰阻力是非常困难的。为了解决这一问题,Park 和 Hyun[12]提出了一种新的计算方法,用于计算冰阻力成分中的排冰阻力项,并根据 Aker 冰水池的模型实验结果对这种新的计算方法进行了验证,评估结果表明,这种新的计算方法具有一定的可靠性。

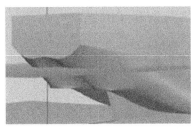

(a) 双 V 形

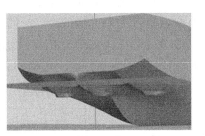
(b) 三 V 形

图 4-1　破冰船型的尾部形状

　　Cho 等[13]对已经完成模型实验和实船尺度试验的三种船型进行了相关性分析。模型实验在加拿大海洋技术研究所(Institute for Ocean Technology, Canada, IOT)冰水池中进行，针对船长约 100m 的破冰船型，依据加拿大 IOT 冰水池的阻力分类，回归了层冰阻力经验公式。这三种船型分别是建于 1983 年的加拿大海岸警卫船"Terry Fox"号、建于 1999 年的美国海岸警卫船"Healy"号及建于 2009 年的韩国科考船"Araon"号。

　　船舶冰阻力经验公式和半经验公式在冰阻力预报和评估中占有十分重要的地位，并具有良好的预报效果。但是它们的适用范围受船型及环境条件的限制，只在部分特定范围内有效，不能全面地表现船型、冰况等因素对阻力的影响。此外，过于依赖实船试验数据也会影响其全面性。在新船型的开发和计算方面，这些经验公式和半经验公式存在不足之处。因此，在初步概念设计阶段可以使用经验公式进行评估，为船型设计优化提供参考。下面将介绍几种影响较大的平整冰中冰阻力计算的经验公式和半经验公式。

4.2.2　典型冰阻力经验公式

1. Lewis 和 Edwards 公式

　　1970 年，Lewis 和 Edwards[4]很好地总结了以前研究者的成果，将在海冰中航行的"风"级破冰船的实船试验、"风"级破冰船的船模试验，淡水冰中 M-5 和 M-9 船模试验，以及盐水冰中"Raritan"号实船试验所得的数据，应用回归法解析，得到

$$R = C_0 \sigma h_i^2 + C_1 \rho_i g B h_i^2 + C_2 \rho_i B h_i^2 V^2 \tag{4.7}$$

式中，R 为冰阻力；B 为船宽；h_i 为冰厚；V 为船模速度；σ 为冰的弯曲强度；ρ_i 为冰的密度；g 为重力加速度；C_0、C_1、C_2 为量纲为一的系数，可通过试验确定。

　　式(4.7)中等号右边第一项为破冰阻力及克服船体和冰雪摩擦所消耗的能量，第二项为排开碎冰的力和克服碎冰与船体之间摩擦力所消耗的能量，第三项为克服破冰船体和碎冰之间因碰撞而产生的动能交换消耗的能量。

　　式(4.7)考虑得比较全面，并且经过船模试验和实船试验得到的结果比较可靠。为了更加精确地评估破冰阻力，Lewis 对以前的公式重新进行了分析和改进，得到

$$R = \rho_i g B h_i^2 + (514 + 7.36 F_n) \tag{4.8}$$

式中，R 为冰阻力；h_i 为冰厚；ρ_i 为海冰密度；g 为重力加速度；B 为船宽；F_n 为冰厚弗劳德数。同样，Edwards 和 Major[5]在 1976 年对"Louis S. St. Laurent"号的实船尺度数据进行了分析，得到

$$R = \rho_{i} g B h_{i}^{2} \left(4.24 + 0.05 \frac{\sigma}{\rho_{i} g h_{i}} + 8.9 F_{n} \right) \tag{4.9}$$

式中，σ 为冰的弯曲强度。

2. Enkvist 公式

Enkvist[6]将 3 艘破冰船（"Moskva-class"号、"Finncarrier"号和"Jelppari"号）的模型实验结果与实船资料进行比较，并结合物理分析和无量纲化分析，推导出以下冰阻力半经验公式：

$$R = C_{1} B h_{i} \sigma_{f} + C_{2} B h_{i} T \rho_{\Delta} g + C_{3} B h_{i} \rho_{i} V^{2} \tag{4.10}$$

式中，R 为冰阻力；B、T 分别为船宽和吃水；V 为船模速度；h_{i} 为冰厚；σ_{f} 为弯曲强度；ρ_{i} 为海冰密度；ρ_{Δ} 为冰水密度差；C_{1}、C_{2}、C_{3} 均为量纲为一的系数，在试验中，通过在低速和正常航速下进行对比，能够隔离速度相关项，这种试验设计方法能够确定方程中 3 项阻力成分的相对重要性。

3. Lindqvist 公式

Lindqvist 于 1989 年提出了一种半经验的冰阻力预报方法，将冰阻力划分为滑动阻力、破冰阻力和浸没阻力，在准静态过程中分别由下式进行计算：

$$R_{C} = 0.5 \sigma_{f} h_{i}^{2} \tan \varphi + \mu \frac{\cos \varphi}{\cos \psi} \bigg/ \left(1 - \mu \frac{\sin \varphi}{\cos \psi} \right) \tag{4.11}$$

$$R_{B} = \frac{27}{64} \sigma_{f} B \frac{h_{i}^{1.5}}{\sqrt{\dfrac{E}{12 \left(1 - v^{2} \right) \rho_{w} g}}} \left(\frac{\tan \psi + \mu \cos \varphi}{\cos \psi \sin \alpha} \right) \left(1 + \frac{1}{\cos \psi} \right) \tag{4.12}$$

$$R_{S} = \left(\rho_{w} - \rho_{i} \right) g h_{i} B \left[\frac{T \left(B + T \right)}{B + 2T} + k \right] \tag{4.13}$$

$$k = \mu \left(0.7 L - \frac{T}{\tan \varphi} - \frac{B}{4 \tan \alpha} + T \cos \varphi \cos \psi \sqrt{\frac{1}{\sin^{2} \varphi} + \frac{1}{\tan^{2} \alpha}} \right) \tag{4.14}$$

式中，σ_{f} 为冰的弯曲强度；μ 为摩擦系数；ψ 为外倾角；φ 为纵倾角；E 为海冰的杨氏模量；v 为泊松比；ρ_{w} 为海水密度；α 为水线入射角。

Lindqvist 通过对实船测量数据的拟合得到阻力与船速之间的关系，总阻力可由式(4.15)进行计算：

$$R = \left(R_{C} + R_{B} \right) \left(1 + 1.4 \frac{V}{\sqrt{g h_{i}}} \right) + R_{S} \left(1 + 9.4 \frac{V}{\sqrt{g l}} \right) \tag{4.15}$$

式中，R_C 为滑动阻力；R_S 为浸没阻力；R_B 为破冰阻力；L、B、T 分别为船长、船宽和吃水；h_i 为冰厚；V 为实船速度；g 为重力加速度；ρ_i 为海冰密度；ρ_w 为海水密度；ψ 为外倾角；l 为与冰接触部分的船长。

Lindqvist 公式在工程中得到了广泛应用，成为船舶早期设计过程中估算船舶破冰能力的重要方法。

4. Spencer 公式

Spencer[8]将船舶冰阻力分为破冰阻力、浸没阻力和与速度相关的阻力三部分，并建立了冰阻力的计算方法。Spencer 根据 R 级破冰船实船数据确定了计算公式中的无量纲系数，得到以下冰阻力计算公式：

$$R = C_B \Delta \rho g h_i BT + C_C F_n^{-a} \rho_i B h_i V^2 + C_{BR} S_N^{-\beta} \rho_i B h_i V^2 \tag{4.16}$$

式中，R 为冰阻力；B 为船宽；h_i 为冰厚；V 为实船速度；g 为重力加速度；ρ_i 为海冰密度；$\Delta \rho$ 为海水和海冰的密度差；F_n^{-a} 为冰厚弗劳德数幂指数；$S_N^{-\beta}$ 为冰强度系数；C_B 为浸没阻力系数；C_C 为滑动阻力系数；C_{BR} 为破冰阻力系数。

5. Keinonen 公式

为研究低速破冰现象，Keinonen 等[9]在实船尺度下进行了破冰船型的破冰阻力试验。为从试航数据中得到可靠的公式，试验选取了 1m/s 的航速，并最终获得了关于船型、船体表面条件和冰强度等的主尺度影响公式：

$$R = 0.08 + 0.017 C_S C_h B^{0.7} L^{0.2} T^{0.1} h_i^{1.25} k_1 k_2 \tag{4.17}$$

$$k_1 = \left[1 - 0.0083(t + 30)\right]\left(0.63 + 0.00074\sigma_f\right) \tag{4.18}$$

$$k_2 = \left[1 + 0.0018(90 - \psi)^{1.4}\right]\left[1 + 0.04(\varphi - 5)^{1.5}\right] \tag{4.19}$$

式中，R 为冰阻力；C_S 为水盐度系数，淡水取 0，盐水取 1；C_h 为船体条件；B 为船模宽度；T 为吃水；L 为水线长；ψ 为外倾角；φ 为纵倾角；σ_f 为弯曲强度；h_i 为冰厚；t 为环境温度。

6. Jeong 经验公式

Jeong 等[14]在 Spencer 提出的通用型公式基础上建立了新的冰阻力计算公式。通过模型和实船的数据统计结果确定了冰阻力计算系数，并通过无量纲化方法计算和预报实船阻力，具体公式如下：

$$R = 13.14V^2 + C_B \Delta \rho g h_i BT + C_C F_n^{-a} \rho_i B h_i V^2 + C_{BR} S_N^{-\beta} \rho_i B h_i V^2 \tag{4.20}$$

式中，

$$F_{n} = \frac{V}{\sqrt{gh_{i}}} \tag{4.21}$$

$$S_{N} = \frac{V}{\sqrt{\dfrac{\sigma_{f} h_{i}}{\rho_{i} B}}} \tag{4.22}$$

式中，R 为冰阻力；B 为船宽；h_i 为冰厚；V 为实船速度；g 为重力加速度；ρ_i 为海冰密度；σ_f 为弯曲强度；$\Delta\rho$ 为海水和海冰的密度差；F_n^{-a} 为冰厚弗劳德数幂指数；$S_N^{-\beta}$ 为冰强度系数；C_B 为浸没阻力系数；C_C 为滑动阻力系数；C_{BR} 为破冰阻力系数。

涉及的无量纲化系数如表 4-3 所示。

表 4-3　无量纲化系数

系数	数值
C_B	0.50
C_C	1.11
C_{BR}	2.73
a	1.157
β	1.54

4.3　基于环向裂纹法的冰阻力

4.3.1　数值实现方法

环向裂纹法的理论支撑及数学推导已在第 3 章给出，本节重点介绍环向裂纹法在预报船舶冰阻力数值方法上的实现流程，如图 4-2 所示。

首先需要对船体水线面节点及冰层边界进行数值离散，利用自主开发的程序读入船体水线面处的船体节点数据，并根据设定的吃水利用内插法读取水线面上的船舶节点。

船舶尾部线型较为复杂，在正向破冰过程中，尾部不会参与破冰，因此可以对船舶尾部进行简单化处理，用直线代替，在水线面处生成封闭的水线，利用样条曲线进行光顺，从而获得合理的水线表征。图 4-3 给出了某船的水线面船体节点。

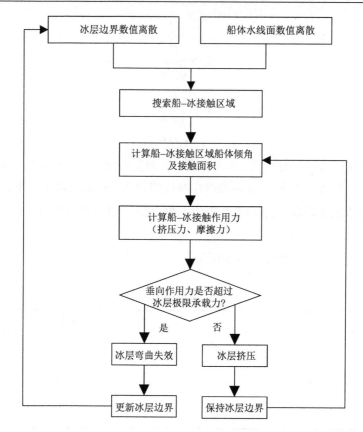

图 4-2　环向裂纹法数值实现流程示意图

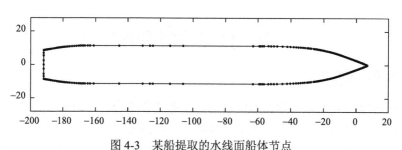

图 4-3　某船提取的水线面船体节点

横轴为沿船长方向；纵轴为沿船宽方向；单位均为 m

　　由上述方法得到的水线面船体单元大小不一，易导致计算结果的不稳定性。为了提高数值模拟精度，需要进一步精细化离散船体，可以沿着船长方向设定恒定的间距作为船体单元大小。为了在时域范围内计算作用于每个船体单元上的冰载荷，需要根据船体水线面处的船体节点来计算船体单元的长度。

$$l_i = \sqrt{(x_i - x_{i-1})^2 + (y_i - y_{i-1})^2}$$

(4.23)

式中，(x_i, y_i) 为船体第 i 个节点的水平面坐标；(x_{i-1}, y_{i-1}) 为船体第 $i{-}1$ 个节点的水平面坐标。

船体单元入水角度影响船舶破冰的效率，是冰载荷计算的重要输入参数，其计算方法为

$$\alpha_i = \arctan\left(\frac{y_i - y_{i-1}}{x_i - x_{i-1}}\right)$$

(4.24)

式中，(x_i, y_i) 为船体第 i 个节点的水平面坐标；(x_{i-1}, y_{i-1}) 为船体第 $i{-}1$ 个节点的水平面坐标。

若从船长方向尾部中线面处开始，沿船舶水线面逆时针方向来命名船体单元，各船体单元处的入水角度沿船长变化如图 4-4 所示。

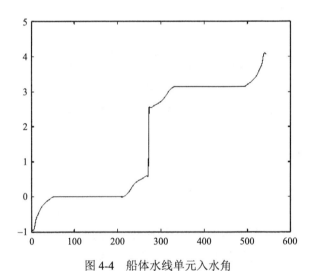

图 4-4　船体水线单元入水角

横轴为沿船长方向，单位为 m；纵轴为入水角，单位为°

根据同样的方法可计算船体单元外倾角沿船长的变化情况，如图 4-5 所示。可采用水面处上和以下 0.5m 处的船舶水线，取某一船舶节点 n，其纵向坐标 x_n 处的三条水线横坐标为 y_{n1}、y_{n2}、y_{n3}，以及纵坐标为 z_{n1}、z_{n2}、z_{n3}，计算船体水线单元外倾角为

$$\psi = \frac{1}{2}\left[\arctan\left(\frac{z_{n1} - z_{n2}}{y_{n1} - y_{n2}}\right) + \arctan\left(\frac{z_{n3} - z_{n2}}{y_{n3} - y_{n2}}\right)\right]$$

(4.25)

当船体与平整冰相互作用时，船体水线面与冰层发生局部碰撞，上述船体节

点及相关参数将用于第一次迭代冰层边界和船体边界的接触判定，在冰层与船体发生接触之后，随着平整冰的进一步前进，接触面积和垂向接触力不断增大，直至冰层由于弯曲破坏而发生局部断裂。通过第 3 章中介绍的方法，可对破冰过程进行完整的数值模拟。

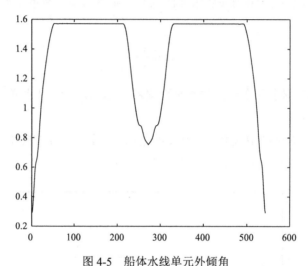

图 4-5　船体水线单元外倾角

横轴为沿船长方向，单位为 m；纵轴为外倾角，单位为°

4.3.2　数值预报结果

冰阻力的数值模拟对象为一艘冰区加强圆台形极地钻井船，用于在加拿大北极地区进行石油勘探。该船在水线面附近具有向下的坡度，可以使来冰产生弯曲破坏，同时底部具有向外伸展的裙摆可以排开水下碎冰，使碎冰远离锚链系统及月池，用于数值模拟的海冰特性参数如表 4-4 所示。

表 4-4　海冰特性参数

名称	数值
冰密度/(kg/m³)	880
弹性模量/MPa	5400
泊松比	0.33
挤压强度/MPa	2.3
弯曲强度/MPa	0.5
摩擦系数	0.15

极地钻井船系泊系统的转塔中心位于结构水线面的中心点。对于该圆台形船体，无论船的首向角变到什么位置，其与平整冰接触的最大宽度都一样，因此无须考虑冰阻力引起的艏摇力矩。另外，需要注意的是，由于底部裙摆的影响，船体底部几乎没有碎冰存在。该数值模拟考虑了船体首部碎冰阻力作用，初始冰层边界形状与 Kulluk 船体在水线面处的位置如图 4-6 所示。

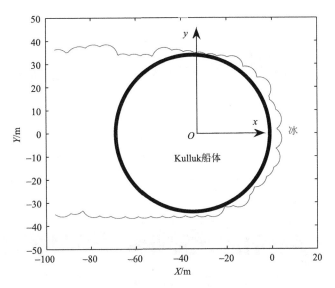

图 4-6　数值模拟初始冰层边界条件

选取冰速为 0.6m/s、冰厚为 1.0m，对极地钻井船与冰的相互作用进行数值模拟，模拟时长为 1800s，模拟得到的随船坐标系下的纵向冰力、横向冰力及总冰力的时历曲线如图 4-7 所示。由图可知，总冰力时间历程变化幅度较大，瞬时总冰力最大值可达到 5000kN，达到相对稳定状态后(200s)，总冰力最小值约为 1500kN，主要是由水下碎冰产生的。

在冰阻力的作用下，船体的运动响应(纵荡、横荡、首向)如图 4-8～图 4-10 所示。由图可知，在船-冰相互作用过程中，船体主要发生纵荡运动，稳定后在 −2～−1m 振荡。横荡运动主要是围绕平衡位置产生非完全对称的振动，平均振幅约为 0.6m。船首发生慢漂运动，偏离初始角度，幅度小于 3.5°，呈现不稳定状态。相应的船体横向运动速度和纵向运动速度如图 4-11 所示，横向运动速度和纵向运动速度最大幅值均为 0.1m/s 左右。

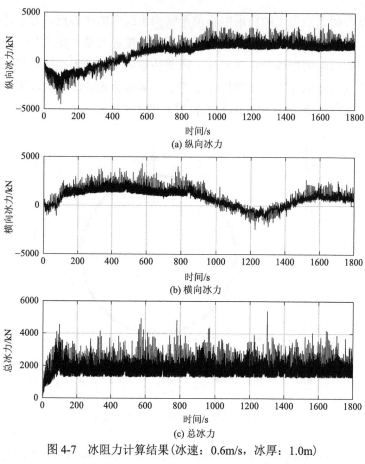

图 4-7　冰阻力计算结果(冰速：0.6m/s，冰厚：1.0m)

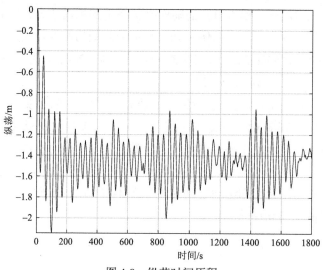

图 4-8　纵荡时间历程

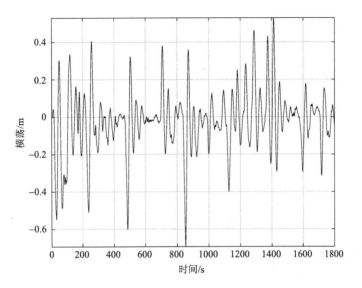

图 4-9　横荡时间历程

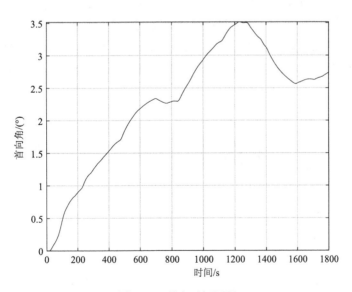

图 4-10　首向时间历程

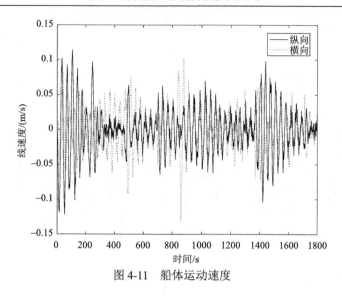

图 4-11　船体运动速度

对于系泊结构物，系泊力大小是冰阻力大小的重要体现。设定冰速为 0.6m/s，冰厚从 0.05m 开始，每个工况递增 0.05m，一直到 1.5m 为止，共计 30 个工况。将所有的数值计算结果进行总体系泊力平均值和最大值的统计之后，制成如图 4-12 所示的对比图。另外，将实测散点数据、各个冰厚对应的最大值和平均系泊力放到此图中进行对比分析。结果表明，数值模拟平均值与实测平均值基本吻合，但总体倾斜度略小于实测值。数值模拟最大值与实测最大值吻合良好，实测值围绕模拟值振荡，二者曲线倾斜度总体相近，这也间接说明了环向裂纹法能高精度地预报冰阻力。

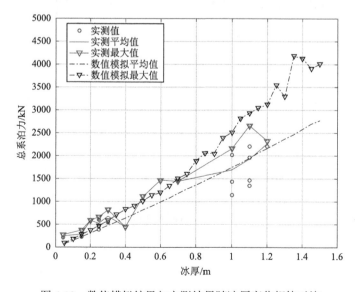

图 4-12　数值模拟结果与实测结果随冰厚变化规律对比

将冰厚设定为 1.0m，冰速从 0.025m/s 开始，一直到 0.6m/s 为止，共计考虑 10 个工况。数值模拟结果与实测结果如图 4-13 所示。结果表明，数值模拟平均值与实测平均值吻合良好，实测平均值围绕数值模拟平均值振荡，但数值模拟平均值总体略小于实测平均值。数值模拟最大值在 0.05m/s、0.3m/s、0.45m/s、0.6m/s 的速度处吻合良好，在其余 5 个速度处明显大于实测最大值。对于数值模拟，当冰速为 0.2m/s 时，发生明显的共振现象，因此模拟出来的最大值比较大，约是平均值的 2.5 倍。

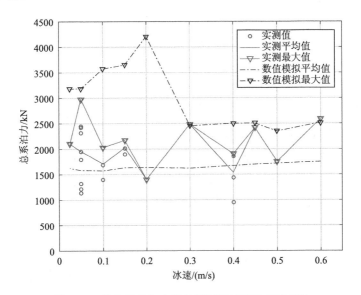

图 4-13　数值模拟与实测结果随冰速变化规律对比

4.4　其他数值方法

海冰环向裂纹法将海冰裂纹沿着环向进行建模，能够更好地模拟裂纹的扩展。相比之下，其他数值方法可能采用了更加全面的建模方法，但需要基于一些特定的假设，并且这些方法需要更多的计算资源和时间，通常需要进行大规模的计算和模拟。因此，海冰环向裂纹法与其他数值方法之间存在权衡和选择的关系，具体的应用需求和计算资源的限制均是选择合适方法的考虑因素。

4.4.1　离散元法

在船-桨-冰-流相互耦合作用过程中，基于拉格朗日法的离散冰粒子将与船桨、水、空气及其他冰粒子相互作用。离散冰粒子的运动包括平动和转动，根据牛顿第二定律，冰粒子平动和转动的动量守恒控制方程[15]如下：

$$m_i \frac{\mathrm{d}v_i}{\mathrm{d}t} = \sum_j F_{ij} + F_g + F_f \tag{4.26}$$

$$\frac{\mathrm{d}v_i}{\mathrm{d}t} I_i \omega_i = \sum_j T_{ij} \tag{4.27}$$

式中，m_i、v_i、ω_i、I_i分别为第 i 个冰粒子的质量、速度、角速度和转动惯量；F_g为冰粒子 i 的重力；F_f为流体对冰粒子 i 的作用力；F_{ij}为冰粒子 i 和冰粒子 j 的碰撞力及其他作用在粒子上的非接触力；T_{ij}为冰粒子 i 和冰粒子 j 的接触力矩，$T_{ij} = r \times F_{ij} - \mu_r |F_{ij}| \omega_t / \omega_r$，$r$ 为粒子重心到接触点的矢量，μ_r 为冰粒子间滚动摩擦系数。

　　取航速为 5m/s、海冰直径为 5m、厚度为 1m 的工况进行离散元计算。船体与海冰相互作用的状态如图 4-14 所示，可以发现，船首出现海冰堆积的现象。此外，从总冰阻力图(图 4-15)中不难发现，冰阻力的波动也呈现高频率的特性，表明冰对船体的力可以看作一种高频的、无规律的简谐载荷，这种动态交变载荷持续地施加在船体上，使得船体产生激烈的振动。

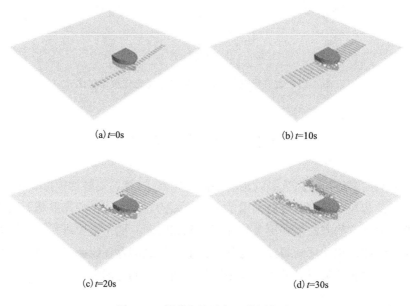

(a) $t=0$s　　　　　　　　　　　　　(b) $t=10$s

(c) $t=20$s　　　　　　　　　　　　　(d) $t=30$s

图 4-14　船体与海冰相互作用状态

采用离散元法计算得出的冰阻力计算结果的差距在可接受范围内，趋势也保持一致，具有较高的可信度和可靠性。该方法的优势在于，既能够从微观角度上合理描述海冰的离散模型，又能够从宏观角度上模拟船-冰作用中冰的破碎过程，更能反映脆性材料的破坏特性。但在离散元计算中，离散元海冰的性质是不可破碎的，且具有一定的刚体特性，所以冰体与冰体、冰体与船体之间的接触更加频繁；且该方法未考虑单元尺寸和破碎准则对船体冰阻力产生的影响，需要在后续工作中进一步完善。

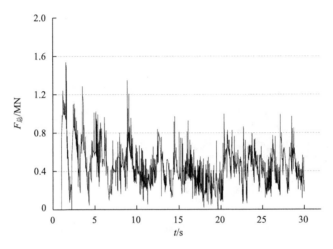

图 4-15　船体冰阻力时历曲线(离散元法)

4.4.2　非线性有限元法

非线性问题是指结构的刚度随其变形而改变的问题。所有的物理结构均是非线性的。线性分析只是一种方便的近似，对设计来说通常已经足够。但是很显然，对于许多结构，包括加工过程的模拟(如锻造或者冲压)、碰撞分析及橡胶部件的分析(如轮胎或者发动机支座)等，仅有线性分析是不够的。对于船体结构与海冰碰撞产生的冰阻力也是一样的。

当前,非线性有限元分析软件一般采用牛顿-拉弗森(Newton-Raphson)法获得非线性问题的解。在非线性分析中，不能像在线性问题中那样，通过求解单一系统的方程来计算求解，而是增量地施加给定的载荷并求解，逐步获得最终的解答。在冰阻力计算中经常使用的 ABAQUS 软件，将模拟划分为一定数量的载荷增量步，并在每个载荷增量步结束时寻求近似的平衡构型。对于一个给定的载荷增量步,ABAQUS 通常需要采取若干次迭代才能确定一个在精度范围内的解，而所有这些增量响应的总和就是非线性分析的近似解答。

取航速为 5m/s、冰厚为 1m 的工况进行非线性有限元计算。选取等向弹塑性冰材料，船体与冰体的接触采用侵蚀接触算法，定义相关的速度-时间曲线，使船体保持匀速前进。在有限元计算中，采用的是附加质量法，没有流体的缓冲作用，这使得接触力大幅上升，同时海冰的接触模型使用的是侵蚀接触，导致海冰与海冰、海冰与船体之间的接触频率更小，甚至不接触，如图 4-16 所示。同样可从总冰阻力图（图 4-17）中发现，冰阻力的波动也呈现出高频率的特性。

图 4-16　船体及计算域网格划分示意图（半宽）

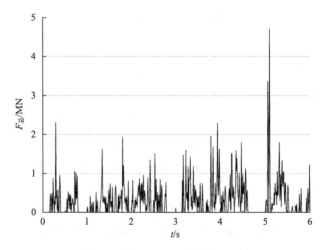

图 4-17　船体冰阻力时历曲线（非线性有限元法）

对于非线性分析中的每一次迭代，ABAQUS 都要重新形成模型的刚度矩阵并求解方程组。从计算速度的角度来看，这意味着每一次迭代等价于进行一次完整的线性分析。非线性分析的计算速度可能要比线性分析慢许多，非线性有限元法在每一收敛的载荷增量步上保存结果，因此在规划计算机资源时应考虑这些因素，以及想要进行的非线性模拟计算的类型。而从冰阻力预报精度的角度来看，其优势在于目前该方法的理论基础已经成熟，只是网格尺寸对海冰破坏模式及冰阻力的预报有直接影响，需要对计算中的网格划分做进一步的细化处理。

4.4.3　近场动力学法

近场动力学[16]将连续介质离散为均匀或非均匀的物质点，每一个物质点都能承受一定的体载荷、速度、位移，并且发生移动和变形。理论上任意两物质点间会存在相互作用，但在超出一定的距离后，两物质点间的相互作用力较小。在近场动力学中，假定物质点间相互作用的近场域半径为 δ，每一个物质点的作用域受到近场域半径 δ 的影响。近场域半径增大，作用范围也增大。

目前，"键型"近场动力学材料中微观弹脆性本构模型发展较为成熟。在 PMB (prototype microelastic brittle material)"键型"本构模型中，两物质点 x 和 x' 上的力是大小相等、方向相反地作用在二者连线上的相互作用力，其邻域内作用模式如图 4-18 所示。

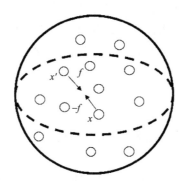

图 4-18　PMB 本构邻域内作用模式

在实际工程中，真实海冰受温度、盐度、孔隙率、内部晶格排列方向等因素的影响，而采用 PMB 本构模型仅考虑了冰材料的弹脆性，忽视了冰材料的塑性，导致冰材料断裂时所受阻力更大。作为处于起步阶段的方法，近场动力学法用键与键之间的作用模式来反映冰的材料性质，因此对于键的破坏判断需要不断完善，以便提高后续冰阻力数值预报的精度。

4.4.4　其他数值方法小结

离散元法在模拟复杂几何、复杂接触物理和粒子间相互作用方面存在局限性，还需要计算密集型的模拟，这对大规模问题来说可能很难进行。近场动力学法利用键等来反映冰的材料性质。有限元法在处理大变形、复杂材料行为和动态问题时容易出现故障，还需要大量的计算资源，网格变形时容易发生畸变，导致求解不准确。因此，这些数值方法虽然各有优点，但必须认识到其局限性和不足，并根据具体问题和应用要求选择合适的方法。

4.5　小　　结

按照冰阻力计算方法的不同分类，本章介绍了几种常见的冰阻力计算方法，包括冰阻力预报规范方法、冰阻力经验公式法及冰阻力数值预报方法。本章讨论的几种数值方法，在一些特定的假设基础上是有效的、可行的。

本章的环向裂纹法主要针对层冰航行中船舶所受到的冰阻力预报，此方法针对性强、预报冰阻力精度高。当然本章仅是基于环向裂纹法对层冰航行区域船舶冰阻力的初步研究，并未深入探讨一些基于此方法的衍生问题。例如，单块浮冰或碎冰能否利用环向裂纹法考虑其破碎情况、计算船舶在碎冰航道中的冰阻力和船舶破冰脊时的冰阻力等。有兴趣的读者可以根据第 3 章环向裂纹法的基础理论进一步学习和研究。

参 考 文 献

[1] 郭春雨, 李夏炎, 谢畅, 等. 冰区航行船舶阻力预报方法[J]. 哈尔滨工程大学学报, 2015, 36(7): 899-905.

[2] FSICR. Ice Class Regulations and the Application Thereof [S]. Helsinki, Finland: Finnish Transport Safety Agency, 2017.

[3] Kashteljan V I, Poznjak I I, Ryvlin A J. Ice Resistance to Motion of a Ship[M]. Gilbert: Marine Computer Application Corporation, 1969.

[4] Lewis J W, Edwards R Y. Methods for predicting icebreaking and ice resistance characteristics of icebreakers[J]. Hulls, 1970, 78: 78-81.

[5] Edwards R Y, Major R A. Influence of major characteristics of icebreaker hulls on their powering requirements and maneuverability in ice[R]. Society of Naval Architects and Marine Engineers, 1976.

[6] Enkvist E. On the ice resistance encountered by ships operating in the continuous mode of ice breaking[R]. Stockholm: The Swedish Academy of Engineering Sciences in Finland, 1972.

[7] Vance G P. A scaling system for vessels modeled in ice[C]. Proc. SNAME Ice Tech Symposium, Montreal, 1975: 28-37.

[8] Spencer D. A standard method for the conduct and analysis of ice resistance model tests[C]. Proceedings of the 23rd ATTC Symposium, New Orleans, 1992: 301-307.

[9] Keinonen A J, Browne R, Revill C. et al. Icebreaker characteristic synthesis[R]. Calgary: Transportation Development Centre, 1996.

[10] Valanto P. The resistance of ships in level ice[J]. Transactions-The Society of Naval Architects and Marine Engineers（SNAME）, 2001, 109: 53-83.

[11] Kim H S, Ryu C H, Park K D, et al. Development of estimation system of ice resistance with surface information of hull form[J]. Ocean Engineering, 2014, 92: 12-19.

[12] Park K D, Hyun S K. Study on the ship ice resistance estimation using empirical formulas[C]. Polar and Arctic Science and Technology, San Francisco, 2014: 10.

[13] Cho S R, Jeong S Y, Lee S, et al. Development of a prediction formula for ship resistance in level ice[C]. Proceedings of the International Conference on OMAE, San Francisco, 2014.

[14] Jeong S Y, Lee C J, Cho S R. Ice resistance prediction for standard icebreaker model ship[C]. Proceedings of the Twentieth International Offshore and Polar Engineering Conference, Beijing, 2010: 1300-1304.

[15] 蔡柯, 季顺迎. 平整冰与船舶结构相互作用的离散元分析[J]. 船舶与海洋工程, 2016, 32(5): 5-14.

[16] 王超, 曹成杰, 熊伟鹏, 等. 基于近场动力学的破冰阻力预报方法研究[J]. 哈尔滨工程大学学报, 2021, 42(1): 1-7.

第5章 极地船舶运动响应与操纵性评估

在极地船舶航行过程中，需要在一定厚度的海冰中保持合理的速度，保证具备在覆盖有冰雪的海域中航行，以及穿过含有冰脊的地区的能力。当然，极地船舶在特定冰况下的转向能力也不可或缺。

极地船舶在冰区易发生转向困难、无法掉头或被海冰夹住等状况，因此对极地船舶船体操纵性进行评估是不可缺少的[1]。船舶操纵性评估主要是依靠数值模型来计算冰阻力下船体所受冰力，建立操纵运动方程，以数值方法解出运动方程，以模拟极地船舶的直行、回转、"Z"形运动等，从而进一步得出船舶运动轨迹、回转半径、纵荡力、横荡力、艏摇力矩等。由此评估船舶的操纵性，优化船舶设计，使其在极地能够有更好的表现。目前，还不存在特别精确的极地船舶船体操纵性评估方法，但已有的方法也在不断改善和进步，出现了离散元法和环向裂纹法等用于评估在层冰或碎冰情况下极地船舶操纵性的方法。

本章主要介绍极地船舶的操纵性评估、环向裂纹法数值分析案例和其他数值方法。

5.1 极地船舶操纵性评估

近些年，随着计算机技术的发展，运用数值模拟方法进行极地船舶操纵性的研究得到了较快推动。2010 年，Su 等[2]基于瑞典多功能破冰船"AHTS/IB Tor Viking II"号模拟了涉及纵荡、横荡和艏摇，以及破冰过程的极地船舶操纵试验。该试验考虑了刚体船运动与冰载荷间的相互作用，逐步求解瞬时冰载荷及船体运动。然而，该数值模拟并未充分考虑船体倾角与海冰失效模式之间的关联，仅考虑了海冰的弯曲失效。Su 等[3]建立了一个基于半经验公式的数值模型，对三艘破冰船进行了破冰过程数值模拟，分析了全局冰载荷对破冰性能、局部冰载荷的概率和空间分布、最大冰载荷的短期分布情况的影响。该模型是首个能够考虑船-冰相互作用、预报船舶破冰性能、进行船体局部冰载荷计算与收集的数值模型。Tan 等[4]将冰载荷与六自由度运动进行耦合，获得了冰载荷时历曲线与极地船舶运动轨迹；在后续的研究中还引入求解挤压力的半经验公式，研究了冰载荷、航速、极地船舶运动轨迹之间的关系。Zhan 等[5]基于运动数学组合(MMG)思想并与离散元数值模拟程序(DECIDE)方法相结合,在二维平面内模拟了船舶的回转与"Z"形运动,但由于忽略了海冰间的摩擦,数值模拟结果仍与实船试验结果有一定误差。

我国也有众多研究人员依托数值模拟方法对极地船舶操纵性进行了研究。高明帅[6]运用 FORTRAN 对极地船舶的直航与回转破冰运动进行了数值仿真,得出不同工况下的极地船舶运动轨迹及冰载荷时历曲线。王超等[7]运用经验公式计算了破冰船在连续破冰中产生的冰力,从而进一步求解了船舶的操纵运动方程,研究了破冰船操纵性。高良田等[8]研究了破冰船在平整冰中的运动特点与海冰的破坏方式,引入了海冰的二次断裂失效模型与对应的弯曲破坏准则,建立了极地船舶六自由度动力学模型,对船舶操纵性进行了预报。狄少丞等[9]利用离散元法,采用冰-水-船相互作用数值模型对"雪龙"号破冰船在浮冰区与平整冰区中的回转运动特性进行了数值研究。近年来,国内在极地船舶操纵性数值预报方面取得了一定的研究成果,但是完善的操纵性预报理论体系还较少,且在计算精度方面有待提高。本章详细介绍基于环向裂纹法的极地船舶航行性能数值模拟研究,该方法可以在一定程度上补充现有的冰载荷与极地船舶操纵性预报体系,实现精确的极地船舶操纵性数值预报。

船舶在平整冰中的操纵能力取决于其可达到的转向力及其横向/旋转阻力。极地船舶需要足够的转向力和推进力,以克服在转弯开始时沿着船体侧面的冰阻力产生的不断增加的转弯力矩,并达到稳定的转弯速率。转向力是通过舵上的水流产生的升力、螺旋桨轴向推力、定向推力、船首推进器及由船舶横倾角产生的升力来实现的。船的横向和旋转阻力直接受到船舶的长宽比(L/B)、阻滞系数(C_B)、破冰水线面的形状、破冰角,以及水下船体的形状和轴心点的影响。因此,当船舶进行非定常操纵运动时,船体两侧的受力不对称,沿船长方向从首至尾会发生不同的冰的破坏模式。

依据冰厚,极地船舶操纵情况主要可分为以下几种[10]。在厚度极薄的海冰中,船舶的回转半径(R)因船首波的破冰能力,与其在敞水中的回转半径相近。船首波的破冰能力随着海冰厚度的增加逐渐减弱,此时冰盖与船体开始相互作用,船首是大部分破冰运动发生的区域。由于航道大于船的宽度,会发生船尾侧移,从而以船首为中心产生回转运动,船侧和船尾也发生破冰运动。随着冰厚的增加,这种侧面破冰的能力会降低。当海冰更厚时,船舶不再能够清除船侧与航道边缘之间的海冰。极限冰厚便是回转阻力使船舶不能回转时的海冰厚度。除海冰厚度外,海冰的弯曲强度和挤压强度,以及船体与冰的摩擦也是操纵性的主要影响因素。在其他情况下,冰的分布、冰的压强、积雪、表面水流和水深会直接影响船舶的操纵性。

极地船舶操纵运动微分方程在 3.3 节中已经给出。船舶操纵航行的舵力及力矩可表示为[2]

$$
\begin{cases}
F_{Xr} = -\dfrac{1}{2} C_D \rho_w v_f^2 A_r \\[2mm]
F_{Yr} = \dfrac{1}{2} C_L \rho_w v_f^2 A_r \\[2mm]
M_r = \dfrac{1}{2} C_L \rho_w v_f^2 A_r x_r \\[2mm]
C_L = C_Q \sin\delta \cdot |\sin\delta| \cos\delta + 2\pi\left[\Lambda(\Lambda+0.7)/(\Lambda+1.7)^2 \right]\sin\delta \\[2mm]
C_D = C_L^2 / \pi\Lambda + C_Q |\sin\delta|^3 + 2.5\left[0.075/(\lg R_n - 2)^2 \right]
\end{cases}
\tag{5.1}
$$

式中，F_{Xr} 为纵向舵力；F_{Yr} 为横向舵力；M_r 为舵力矩；x_r 为舵到中站面的距离；ρ_w 为海水密度；v_f 为舵处流速；A_r 为舵面积；C_L 为舵的升力系数；Λ 为展弦比；δ 为舵角；C_D 为船舵拖曳力系数；R_n 为舵处雷诺数；系数 $C_Q \approx 1$。在整冰场的破冰过程中，极地船舶主要受到冰阻力、舵力与螺旋桨推力和水动力。

三自由度外力可表示为

$$
\boldsymbol{F}(t) = \begin{bmatrix} F_{brk1} \\ F_{brk2} \\ F_{brk6} \end{bmatrix} + \begin{bmatrix} F_{sub1} \\ F_{sub2} \\ F_{sub6} \end{bmatrix} + \begin{bmatrix} F_{p1} \\ F_{p2} \\ F_{p6} \end{bmatrix} + \begin{bmatrix} 0 \\ F_{c2} \\ F_{c6} \end{bmatrix} + \begin{bmatrix} -mvr \\ mur \\ 0 \end{bmatrix}
\tag{5.2}
$$

式中，F_{brk} 为极地船舶所受连续破冰阻力；F_{sub} 为海冰浸没阻力；F_p 为螺旋桨推力与舵力；F_c 为流体阻力；最后一项为坐标系转换过程中的欧拉力；下标 1、2、6 分别表示纵荡、横荡和艏摇。某一时步的连续破冰阻力 F_{brk} 为该时步下所有的局部冰力之和。

5.2　基于环向裂纹法的船舶运动模拟

5.2.1　回转破冰案例分析

在极地船舶冰载荷及操纵性的研究中，实船试验相较于模型实验成本更高，且不可重复，但实船试验结果的可靠性与准确性是其他方法不能达到的。借助实船试验结果的对比验证，可以更有力地证明数值模拟方法的合理性与准确性。

通过"AHTS/IB Tor Viking II"号破冰船的实船试验,可获得船舶回转工况中不同冰厚下船体各位置冰载荷的变化趋势及回转轨迹与回转直径,并与数值模拟结果进行对比,从而说明环向裂纹法对于极地船舶操纵性计算的优势。

通过船-冰相互作用,计算获得船舶破冰过程中所受冰力及海冰受到的来自船舶的压碎力,以船舶的初始位置、速度,海冰冰场的初始位置,海冰物理特性与力学特性等为输入,最终输出船舶受到的整体冰载荷,船舶的位移、速度及冰场边界的更新。数值模拟的简化流程如图 5-1 所示。

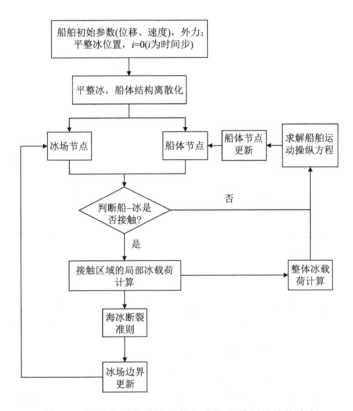

图 5-1　船舶在平整冰冰场航行中数值模拟的简化流程

极地船舶操纵性数值模拟研究的对象为"AHTS/IB Tor Viking II"号破冰船。"AHTS/IB Tor Viking II"号破冰船建于 2000 年,同年便在波罗的海最北部[11]对该破冰船进行了相关的冰上实船试验。该船配备了四台中速柴油发动机,可以在 1m 厚的冰中保持 3kn 的速度,或在开阔水域保持 16kn 的速度。用于数值模拟的船舶主尺度及海冰参数分别如表 5-1 与表 5-2 所示。

表 5-1　"AHTS/IB Tor Viking Ⅱ"号主尺度

参数	数值
垂线间长 L_{pp} / m	75.20
水线长 L_{WL} / m	85.02
船宽 B / m	21.3
吃水 T / m	6.5
推进功率 P / MW	13.44
敞水速度 v_{ow} / kn	16.4
系柱拉力 T_B / t	202
排水量 M / t	5790
艏柱倾角 ϕ / (°)	30
船舶入水角 α / (°)	21

表 5-2　数值模拟参数

参数	数值
弯曲强度 σ_f / kPa	550
挤压强度 σ_c / kPa	2300
弹性模量 E_i / MPa	5400
船-冰摩擦系数 μ	0.15
泊松比 v	0.33
海水密度 ρ_w / (kg/m³)	999.8
海冰密度 ρ_i / (kg/m³)	880

在数值模拟的初始阶段，破冰船的前进速度和横向速度均为 0m/s，破冰船以最大推力操左舵 45°回转，模拟中的时间步长为 0.05s。平整冰冰场在破冰船破冰过程中保持静止，不会发生漂移，并且平整冰冰场的面积足够大，破冰船不会超出平整冰冰场边界。每一工况下的冰厚均为定值。

如图 5-2 所示，极地船舶的破冰轨迹以虚线表示，其轨迹近似构成一个标准的圆形，但运动轨迹存在向圆心方向偏转的趋势。平整冰冰场边界用实心曲线表示，该边界由海冰与船舶之间的相互作用产生，其将开阔水域与冰场区分开。两条近似平行的冰场边界之间是破冰船运动过程中开辟的冰间航道。图中表示了破冰船进行回转运动的初始位置和最后位置，在初始位置，船的重心与坐标原点重合。冰场对船舶运动的阻碍作用增大，使回转轨迹呈现为曲率半径逐渐减小的圆弧，因此将破冰船首次回转达到 180°时的直径定义为船舶破冰回转直径。由模拟结果得到 0.6m 冰厚下破冰船的回转直径为 529m。

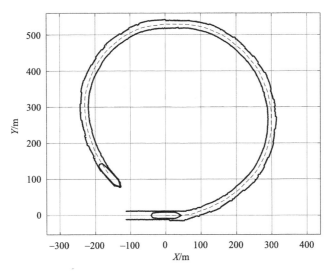

图 5-2　破冰船在 0.6m 厚平整冰中的回转轨迹

图 5-3 展示了船舶在回转工况下的三自由度冰力时历曲线。模拟所得纵荡方向冰力有着明显的振荡趋势，且纵荡方向冰力最大值为 2500kN。模拟所得横荡方向冰力随时间在中轴附近振荡，但横荡方向冰力峰值大于纵向冰力峰值。纵荡方向冰力的平均值为 770.76kN，横荡方向冰力的平均值为 512.92kN。艏摇方向的冰力矩均值为 1.55×10^4 kN·m。

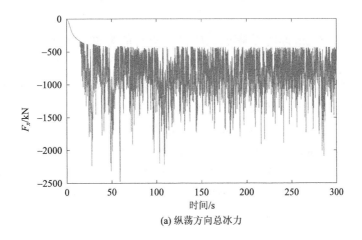

(a) 纵荡方向总冰力

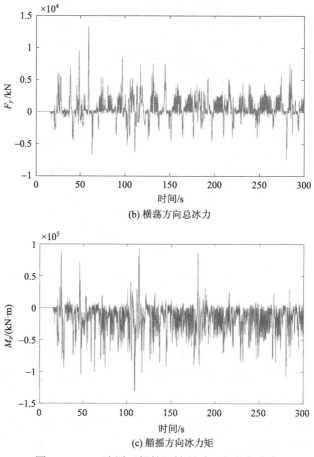

(b) 横荡方向总冰力

(c) 艏摇方向冰力矩

图 5-3　0.6m 冰厚下船舶回转所受三自由度冰力

当破冰船在 0.6m 厚的平整冰中破冰时，航行的第 50s 检测到了海冰的压屈断裂，如图 5-4 所示。该处的船体节点的外倾角为 88.83°，船体和海冰相互作用的挤压作用长度为 0.5313m。在满足海冰失效条件后，周围的平整冰将被开放水域取代。海冰的压屈断裂一般发生在船体中后部，弯曲破坏则在船首区域较为集中。

为了进一步分析数值模拟所得冰力，如图 5-5 和图 5-6 所示，分别将海冰弯曲和压屈断裂产生的冰力从总冰力中分离出来。如图 5-5 中海冰弯曲破坏三自由度冰力时历曲线所示，海冰弯曲失效事件发生的频率较高，这是因为弯曲破坏总是发生在船体外倾角较小的部位，尤其是在船首区域，而船首区域是回转破冰期间船舶与海冰发生相互作用的高发区域。海冰弯曲破坏在纵荡方向的冰力平均值为 216.07kN，在横荡方向的冰力平均值为 107.13kN，在艏摇方向的冰力矩平均值为 5.138×10^3kN·m。

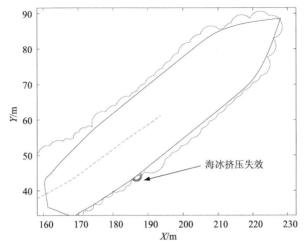

图 5-4　0.6m 冰厚的回转工况下发生的海冰压屈断裂

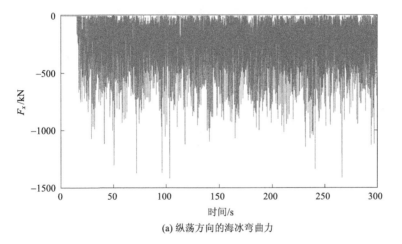

(a) 纵荡方向的海冰弯曲力

(b) 横荡方向的海冰弯曲力

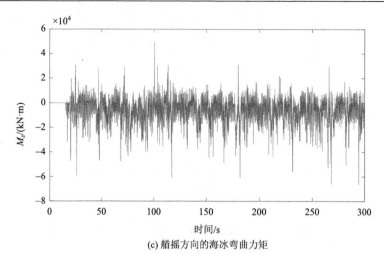

(c) 艏摇方向的海冰弯曲力矩

图 5-5   0.6m 冰厚下回转破冰工况的海冰弯曲力时历曲线

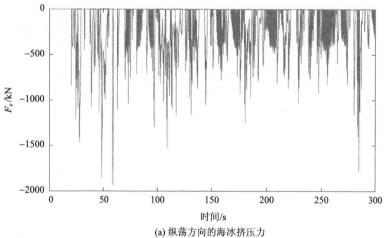

(a) 纵荡方向的海冰挤压力

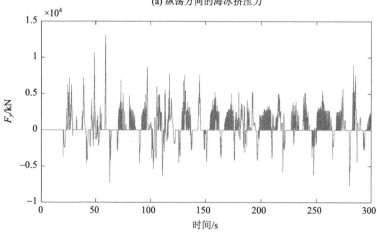

(b) 横荡方向的海冰挤压力

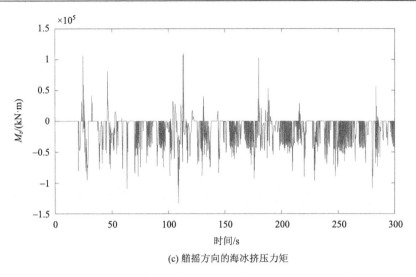

(c) 艏摇方向的海冰挤压力矩

图 5-6　0.6m 冰厚下回转破冰工况的海冰挤压力时历曲线

从图 5-6 海冰压屈断裂三自由度冰力时历曲线可以得出，纵荡方向的挤压力平均值为 185.37kN，横荡方向的挤压力平均值为 466.90kN，艏摇方向的冰力矩平均值为 $1.14×10^4$kN·m。

图 5-7 显示了船舶在回转运动期间每个时步(时间间隔为 0.05s)的海冰失效事件发生次数。如图 5-7 所示，每个时步发生的海冰弯曲失效事件的数量以灰色显示，而压屈断裂事件的数量以黑色显示。与弯曲失效相比，压屈断裂事件的发生频率相对较小，且在大多数情况下，压屈断裂基本不发生或每个时步仅发生 1 次，而弯曲失效发生的次数一般为每个时步 1～3 次。这是由于压屈断裂总是发生在船体外倾角较大的部位，如船肩和船尾等区域，这些区域通常不会频繁与海冰发生接触，尤其是在冰厚较大的工况下，因为破冰船的船首已经使平整冰发生断裂并开辟了一条开阔航道。此外，根据平整冰断裂模型，海冰厚度的增加导致断裂的海冰尺寸增大，从而使航道拓宽。在船舶横荡方向，海冰压屈断裂力的平均值远大于弯曲失效力，而横荡方向也是海冰发生压屈断裂的主要方向。此外，海冰压屈断裂引起的冰阻力干扰相较于弯曲破坏引起的冰阻力干扰占主导地位，这意味着极地船舶在平整冰中进行回转运动时，受海冰的压屈断裂影响更为显著。

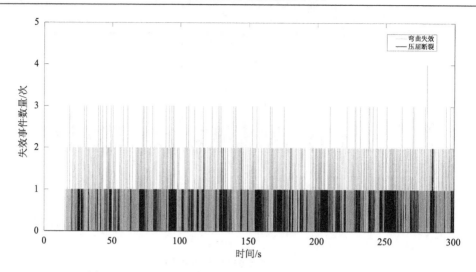

图 5-7　0.6m 冰厚回转破冰工况下的不同失效事件时历曲线

5.2.2　操纵性实船数据验证

"AHTS/IB Tor Viking Ⅱ"号破冰船在平整冰中破冰回转的数值模拟结果通过文献[10]中的实测数据进行了验证。图 5-8 显示了在 0.6m 厚的平整冰中，实船试

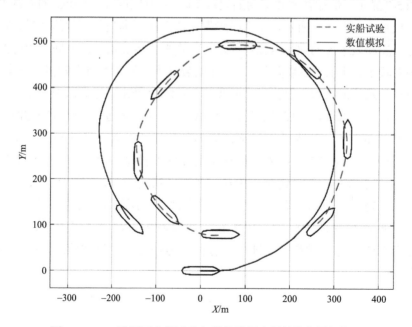

图 5-8　0.6m 冰厚下实船试验与数值模拟中船舶的位置与轨迹

验和数值模拟分别对应的船舶航行轨迹。图中，破冰船的水线面轮廓以实线表示，数值模拟中船舶破冰运动轨迹也以实线表示，而实船试验中在不同时间点记录了船舶的位置，图中以虚线连接近似表明其运动轨迹。很明显，数值模拟中的船舶航行轨迹与实测破冰试验大体吻合。数值模拟中的船舶回转直径为 529m，而实船试验的回转直径为 486m，两者之间的误差约为 8.85%。

表 5-3 给出了在相同船舶首向角下，实船试验与数值模拟分别对应的具体的航行时间和船舶位置坐标。在回转至相同角度的前提下，实船试验与数值模拟坐标之间的误差很小，但数值模拟中的航行时间短于实船试验中的航行时间，且两者间的时间差随航行时间的增加而增加。在首向角为 44.8°时，数值模拟中的航行时间大约提前实船试验 13s，而在首向角为 315.0°时，两者间的时间差增加到58s。这种航行时间上的差异可归因于数值模拟中使用的某些参数与实际值之间的偏差，而且实际情况下的冰况也远比数值模拟更加复杂多变。

表 5-3　实船试验与数值模拟对比

首向角/(°)	工况	时间/s	X/m	Y/m
44.8	模拟	64.35	226.1	90.4
	实测	77.0	269.4	108.0
89.5	模拟	100.65	299.4	256.8
	实测	134.0	329.5	288.5
134.7	模拟	142.1	228.8	444.1
	实测	185.0	237.2	453.2
180.3	模拟	184.1	37.42	529.4
	实测	229.0	81.5	495.0
225.1	模拟	226.35	−156.6	465.0
	实测	281.0	−81.8	406.2
270.2	模拟	258.25	−229.9	313.6
	实测	327.0	−140.9	240.8
315.0	模拟	300.0	−159.5	111.9
	实测	358.0	−80.4	132.9

实船试验表明，破冰船的回转直径在不同厚度的平整冰中可能会有很大区别。本节模拟了不同冰厚下的破冰船回转直径，并将结果与 Su 等[3]的数值模拟结果进行了比较。基于实测数据和数值方法的三条冰厚-回转直径曲线如图 5-9 所示。从图中可以看出，在本节数值模拟结果及实测结果中，回转直径都会随着冰厚的增

加而增加，这是因为冰厚的增加将增大船体与海冰相互作用产生的冰力，同时冰厚的增加也会提高海冰极限承载能力，使海冰更难断裂。

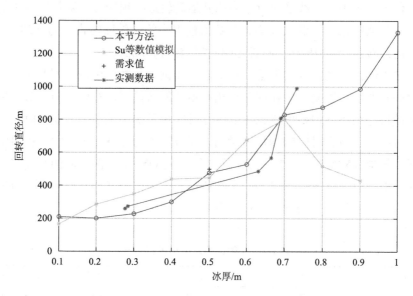

图 5-9　不同冰厚下以不同方法获得的破冰船回转直径

　　本节方法和 Su 等的方法在 0.7m 冰厚下均与实测结果吻合良好。在 0.7m 冰厚下，本节方法与实测结果的误差为 9.75%。对于其他冰厚，本节模拟结果与实测结果的最大误差不超过 20%。虽然破冰船实测破冰工况的海冰厚度并未超过 0.8m，但本节方法在不同冰厚条件下回转直径的变化趋势与实测试验的趋势吻合较好。在平整冰冰厚超过 0.7m 时，Su 等的方法得到的回转直径却大幅下降，这与实际情况相冲突。此外，在数值模拟中，该破冰船无法在超过 1.1m 厚的冰中进行回转运动，这种情况下的船舶航行轨迹是一条有许多局部拐点的近似直线，这是由于横荡方向冰力过大，船舶无法进行回转运动。

　　极地船舶在平整冰中的破冰能力对于判断极地船舶在特定冰厚下直航是否能达到理想速度也很重要。海冰冰厚与破冰船最大船速之间的关系，即 h-v 曲线值得进一步关注。本章将模拟获得的 h-v 曲线与实测结果及 Su 等的方法得到的结果进行了比较，如图 5-10 所示。

　　根据图 5-10 中的 h-v 曲线，本节方法模拟的船速随着冰厚的增加而降低，这一趋势与实船试验一致。因为冰厚的增加将导致冰阻力的增大，从而阻碍船舶的运动。冰厚为 0.3m、0.6m 和 0.7m 时的模拟船速与实测数据吻合较好。Su 等的方

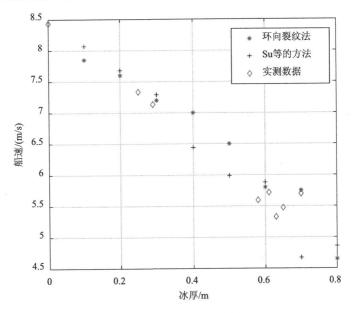

图 5-10　"AHTS/IB Tor Viking II"号破冰船的 h-v 曲线

法在冰厚为 0.3m 和 0.6m 时给出了很好的预测，但与实船试验的测量结果相比，在 0.7m 冰厚处低估了约 20%的船速。随着冰厚的增加，数值模型中的这种船体肩部挤压效应可能会导致不稳定的结果。

通过"AHTS/IB Tor Viking II"号破冰船的回转轨迹在不同冰厚下回转直径与破冰能力的对比，本节方法与实测结果吻合较好，充分验证了本节方法的准确性与合理性。

5.2.3　冰区操纵性影响分析

本节对一艘极地船舶开展了其在层冰中操纵性的数值预报评估工作，同时分析对比了该船在具备破冰球鼻艏及不同破冰斜艏情况下的破冰能力与破冰阻力。极地船体主要参数如表 5-4 所示。

表 5-4　极地船舶主尺度

名称	数值
水线间长 L / m	194
船宽 B / m	28.5
吃水 T / m	11
排水量 D_{isp} / t	49039

续表

名称	数值
系柱拉力（MCR 条件）T_{net} / t	127.9
主机功率（MCR 条件）P / kW	10240
最大敞水航速（MCR 条件）v_{open} / kn	16.3

注：MCR 为 maximum continuous rated，即最大持续功率。

在数值模拟中，极地船舶在一整块厚度均匀的平整冰上进行回转运动，且平整冰冰场为一正方形区域。从模拟开始至回转运动结束，极地船舶均位于该正方形平整冰场中。

平整冰可以划分为许多个面积相等、形状相同的正方形冰网格。单个冰网格的边长由环向裂纹法中扇形的破冰半径 R 表示，依据环向裂纹法理论，海冰在与船舶相互作用下失效时，以半径为 R 的扇形冰网格发生断裂。本次数值模拟中，将以一块边长为 R 的冰网格失效来类比环向裂纹导致的冰块断裂，破冰半径 R 的表达式如下：

$$R = C_l l(1.0 + C_v v_n^{rel})$$

式中，C_l 和 C_v 为经验参数；l 为海冰特征长度；v_n^{rel} 为船体与海冰离散点的相对法向破冰速度。平整冰中船舶的破冰过程及环向裂纹法示意图如图 5-11、图 5-12 所示。

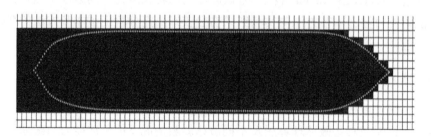

图 5-11　破冰球鼻艏工况下船舶在平整冰中的破冰过程

图 5-12　环向裂纹法中船舶破冰示意图

图 5-11 中散点为船体水线面轮廓,方格为平整冰冰场中依据环向裂纹法划分出的边长为 R 的冰网格,且冰网格保持完整,还未发生失效。若平整冰发生失效,便以方形冰网格的形式断裂,灰色网格表示船-冰相互作用过程中的冰网格。黑色网格表明该区域的冰网格与船体相互作用阶段已经结束,该位置的冰网格已经被海水替代。用于数值模拟的海冰主要参数如表 5-5 所示。

表 5-5　用于数值模拟的海冰主要参数

名称	数值
冰厚 h_i/m	0.7
弯曲强度 σ_f/kPa	500
挤压强度 σ_c/kPa	2300
弹性模量 E_i/MPa	5400
船-冰摩擦系数 μ	0.12
泊松比 ν	0.33
海水密度 ρ_w/(kg/m³)	999.8
海冰密度 ρ_i/(kg/m³)	900

在船舶操纵性数值模拟中,破冰船以初速度 0m/s 在平整冰冰场中进行回转破冰,模拟时长共计 800s。模拟中的平整冰冰厚均匀,恒定为 0.7m,且冰场保持固定不动。极地船舶在初始时刻便位于冰场中,且至回转运动结束破冰船都未超出平整冰冰场边界。如表 5-6 所示,其中无量纲回转直径为船舶首次回转达 180°时回转直径与船长之比。

表 5-6　各工况下的详细参数及破冰阻力与无量纲回转直径

工况	船首类型	艏柱倾角/(°)	船舶入水角/(°)	破冰阻力/kN	无量纲回转直径 R/L
1	破冰球鼻艏	30	28	909.3	3.22
2	破冰斜艏	30	29	891.0	3.13
3	破冰斜艏	45	30	931.4	3.28
4	破冰斜艏	60	31	959.0	3.31
5	破冰斜艏	76.64	31	1023.4	3.15

本书对比分析了 5 种不同船型所对应的工况,包括不同工况的回转轨迹对比、无量纲回转直径对比、回转时间对比及冰阻力对比,如图 5-13～图 5-16 所示。

图 5-13 和图 5-14 展示了不同船型的回转轨迹及无量纲回转直径,其中无量纲回转直径为船舶首次回转达 180°时回转直径与船长之比。5 种不同船型的回

转直径差别不大，但是回转速度有明显区别。如图 5-13 所示，工况 2 为具有 30°艏柱倾角的破冰斜艏的船舶在冰场的回转轨迹，在 800s 内其已经在冰场回转了360°；而回转直径仅大于工况 2 的工况 5，在相同时间内在冰场中仅回转了约180°。尽管回转直径相近，但两组工况在回转时间与回转运动完成情况方面的差距较大。

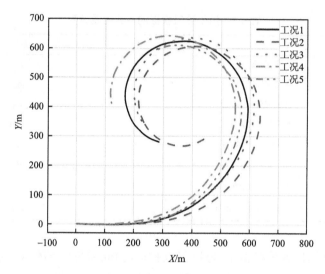

图 5-13　不同船型回转轨迹对比

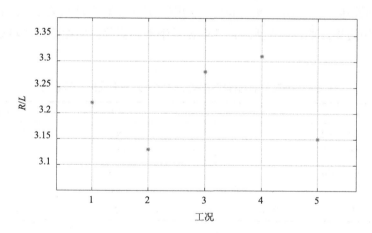

图 5-14　不同船型无量纲回转直径对比

图 5-15 和图 5-16 展示了不同船型首次达到 180°时回转时间及模拟期间的冰阻力。从图中可知，各工况的回转时间与冰阻力具有相同的变化趋势。工况 2 所表示的艏柱倾角为 30°的破冰斜艏船舶具有最小的冰阻力及回转时间，其次为工

况 1 所表示的艉柱倾角为 30°的破冰球鼻艏船舶，尽管工况 5 的回转直径仅次于工况 2，但工况 5 所代表的艉柱倾角为 76.64°的破冰斜艏船舶的冰阻力最大，回转时间最长。结合回转直径、回转时间及船体所受冰阻力，艉柱倾角为 30°的破冰斜艏船舶具有 5 组工况中最优的破冰能力。

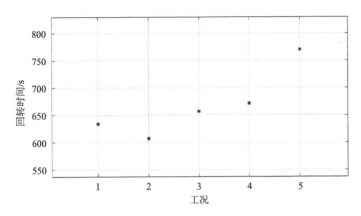

图 5-15　不同船型回转时间对比

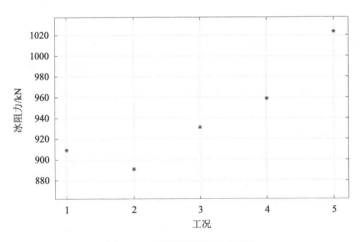

图 5-16　不同船型冰阻力对比

5.3　其他操纵性评估方法

5.3.1　有限元法

　　船-冰相互作用过程是一种典型的非线性问题，当两者发生碰撞时，海冰在很短的时间内给船体施加了一个极大的载荷，导致船舶的运动状态呈现出强烈的非线性[12]。非线性有限元法可以模拟破冰船的纯横荡和纯艏摇运动，测量横向力和艏摇力矩，得到船舶在平整冰中的相关操纵系数，并能给出基于操纵系数法的冰力与冰力矩表达式。

李志鹏[13]采用非线性有限元法，模拟船舶在平整冰中的直航运动和回转运动。在此基础上，考虑海水的存在，采用流固耦合模型模拟了船舶在冰水混合域内的直航运动和回转运动，得到了船舶的冰载荷规律和运动响应，并分析了海水的存在对于冰区回转特性的影响。采用有限元法对规定工况进行了数值模拟和拟合，获得了冰区运动时的船舶操纵系数，以及平均冰阻力与速度的函数关系，将操纵系数和函数关系代入 MMG 运动方程中，获得了考虑船舶运动影响的冰载荷计算方法。非线性有限元法为极地船舶操纵性方程的建立提供了一种耦合方法，但使用过程中往往将船舶的运动形式进行简化，而实际的运动形式十分复杂，如果能对这些复杂的运动形式进行模拟，可以为极地船舶操纵性研究提供一定的支撑。

5.3.2　离散元法

离散元法通过船-冰作用的离散元模型来计算作用于船体上的海冰作用力，该模型包括船体的三角形离散化和三角形单元与球体间离散化[14-16]，可很好地对具有离散特性的浮冰、碎冰在浮冰、碎冰区船舶航行过程中进行建模分析。

在海冰与船体相互作用的离散元模型中，将船体离散成三角形单元的集合，离散后的三角形单元通过顶点相连接，通过设定海冰颗粒单元与三角形单元之间的接触准则即可得到海冰与船体之间的作用力。在判定接触类型的基础上，由三角形单元与球形单元间的重叠量可计算出二者的作用力，进而更新三角形单元与球形单元的空间速度、角速度、坐标等信息。

狄少丞等[9]采用离散元法，结合船舶回转操纵方程对"雪龙"号破冰船在浮冰区与平整冰区中的回转运动特性进行了数值分析，研究船舶在不同厚度、不同密集度浮冰区与不同厚度平整冰区中航行的回转特性。数值模型采用具有黏结破碎特征的球形离散元模型来模拟冰盖的破坏过程，采用球体-三角形接触模型来模拟船-冰之间的碰撞过程，建立了考虑船舶桨力、舵力及水动力的六自由度操纵运动方程。目前，国内外尚缺乏可对船舶冰区回转操纵性预报的规范，而离散元法求解冰区船舶回转操纵性是一种有效的方式，但受计算能力限制，海冰离散元模型采用了单层的排列方式，并未完全满足对应的海冰弯曲强度。

5.4　小　　结

冰区船舶操纵性评估方法的完善有利于保障船舶在极地航行的安全，并能够提高极地作业的效率，是极地船舶研究的重点之一。本章简述了极地船舶操纵性的发展现状和评价指标、环向裂纹法在船舶操纵问题中的应用及其他相关的数值模拟方法；模拟了层冰中极地船舶的回转破冰运动，并对船舶线型的影响进行了分析，验证了环向裂纹法模拟船舶操纵的准确性与合理性。与船舶直航不同，对于船舶回转，目前并没有简单实用的经验或解析方法，因此数值模拟是船舶设计阶段除了模型实验之外，唯一可行且有效的操纵性计算方法。相比于离散元法等计算固体力学方法，环向裂纹法在计算速度上有着很大的优势，可以在不同工况下进行大量计算，对船舶线型进行优化。

参 考 文 献

[1] 张爱琪, 傅庆刚. 破冰船的操纵[J]. 航海, 1996, 6: 28-29.

[2] Su B, Riska K, Moan T. Numerical simulation of ship turning in level ice[C]. Proceedings of 29th International Conference on Offshore Mechanics and Arctic Engineering, Shanghai, 2010: 751-758.

[3] Su B A, Riska K, Moan T. A numerical method for the prediction of ship performance in level ice[J]. Cold Regions Science and Technology, 2010, 60(3): 177-188.

[4] Tan X, Su B, Riska K, et al. A six-degrees-of-freedom numerical model for level ice-ship interaction[J]. Cold Regions Science and Technology, 2013, 92: 1-16.

[5] Zhan D X, Agar D, He M Q, et al. Numerical simulation of ship maneuvering in pack ice[C]. ASME 2010 29th International Conference on Ocean, Offshore and Arctic Engineering, Shanghai, 2010: 855-862.

[6] 高明帅. 破冰船在破冰过程中的运动数值仿真研究[D]. 哈尔滨: 哈尔滨工程大学, 2016.

[7] 王超, 康瑞, 孙文林, 等. 平整冰中破冰船操纵性能初步预报方法[J]. 哈尔滨工程大学学报, 2016, 37(6): 747-753.

[8] 高良田, 王键伟, 王庆, 等. 破冰船在层冰中运动的数值模拟方法[J]. 工程力学, 2019, 36(1): 227-237.

[9] 狄少丞, 王庆, 薛彦卓, 等. 破冰船冰区操纵性能离散元分析[J]. 工程力学, 2018, 35(11): 249-256.

[10] Quinton B, Lau M. Manoeuvring in ice: A test/trial database[R]. Berlin: Institute for Ocean Technology, National Research Council of Canada, 2006.

[11] Riska K, Leiviskä T, Nyman T, et al. Ice performance of the Swedish multi-purpose icebreaker Tor Viking II[C]. Proceedings of the International Conference on Port and Ocean Engineering

Under Arctic Conditions, 2001.

[12] 王自力, 顾永宁. 船舶碰撞研究的现状和趋势[J]. 造船技术, 2000, (4): 7-12.

[13] 李志鹏. 冰区船舶回转运动计算方法及数值模拟研究[D]. 哈尔滨: 哈尔滨工程大学, 2019.

[14] Yulmetov R, Løset S. Validation of a numerical model for iceberg towing in broken ice[J]. Cold Regions Science and Technology, 2017, 138: 36-45.

[15] 狄少丞, 季顺迎, 薛彦卓. 船舶在平整冰区行进过程的离散元分析[J]. 海洋工程, 2017, 35(3): 59-69.

[16] Yulmetov R, Lubbad R, Løset S. Planar multi-body model of iceberg free drift and towing in broken ice[J]. Cold Regions Science and Technology, 2016, 121: 154-166.

第6章 船体结构局部冰载荷预报

第4章和第5章详细介绍了海冰环向裂纹法在总体冰载荷计算中的应用,本章在前几章的基础上,进一步介绍基于海冰环向裂纹法的局部冰载荷预报方法。不同于普通船舶,极地船舶需要对船体进行加强和优化,以抵抗局部冰载荷。应用环向裂纹法可对船舶在冰区多种破冰航行场景中的局部冰载荷进行预报,预测船舶表面冰压力的分布和时间历程,为船舶结构设计提供输入。

6.1 规范冰载荷计算方法

6.1.1 国际船级社规范方法

国际船级社协会(International Association of Classification Societies, IACS)联合10个主要船级社共同研究编写了极地冰级规范。IACS 规范[1]中将冰载荷描述为均匀分布在高度为 b、宽度为 w 的加载区域的平均压力,并假设船舶与大面积厚冰的楔形边缘碰撞,基于能量守恒推导冰载荷极值,再根据浮冰边缘的弯曲破坏来计算冰载荷的上限。

对极地船舶的船体区域进行划分,以反映预期作用在这些区域上的载荷大小。在纵向上分为4个区域:首部区、首部过渡区、船中区和尾部区。首部过渡区、船中区和尾部区在垂向上进一步分为底部区、下部区和冰带区。各个船体分区的范围见图 6-1(a)。

所有极地船舶的首部区,以及冰级 PC6 和 PC7 的船舶首部过渡区中的冰带区范围内,冰载荷参数为实际首部形状的函数。为确定冰载荷参数如平均压强 P_{avg}、加载区域宽度 w_{Bow} 和高度 b_{Bow},应要求对首部区分区中的形状参数 fa_i、总碰擦力 F_i、线载荷 Q_i 及压力 P_i 进行计算。

在其他冰强化区域,形状参数 fa_i 为定值,冰载荷参数(P_{avg}、b_{NonBow} 和 w_{NonBow})独立于船体形状并基于固定加载区域纵横比 AR=3.6 来确定。

定义碰擦场景下冰载荷特征的参数反映在船级因子之中,表6-1 描述了各个极地冰况。表6-2 所列船体因子适用于艉柱处纵剖面角 γ 为正值且小于 80°,首部过渡区中点处肋骨垂向角 β' 大于 10° 的首部。表6-3 适用于冰级 PC6 或 PC7 且首部过渡区中点处肋骨垂向角 β' 处于 0°～10° 的首部。

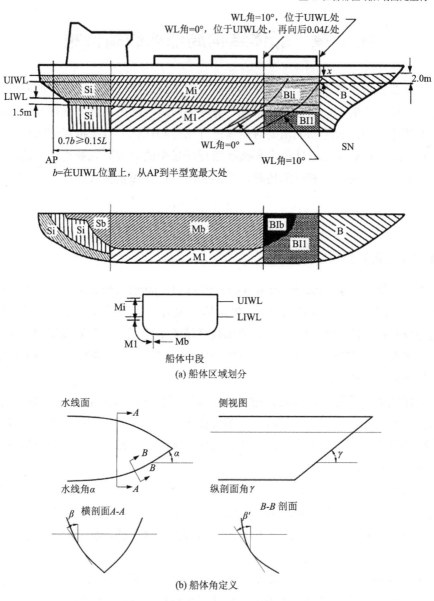

图 6-1　船体区域划分及船体角的定义

WL 为水线；UILW 为冰区高位水线；LIWL 为冰区低位水线；B 为船首；Bli 为船首 li 区域；BII 为船首 II 区域；BIb 为船首 Ib 区域；M 为船中；Mi 为船中 i 区域；M1 为船中 1 区域；Mb 为船中 b 区域；S 为船尾；Si 为船尾 i 区域；Sb 为船尾 b 区域；SN 为首垂线；AP 为尾垂线；L 为船体型长；β' 为冰区高位水线处的肋骨垂向角，(°)；α 为冰区高位水线角，(°)；γ 为冰区高位水线处的纵剖面角，(°)(纵剖面角从水平面起量)；

$$\tan\beta = \tan\alpha/\tan\gamma; \tan\beta' = \tan\beta \cdot \cos\alpha$$

表 6-1　极地冰级描述

极地冰级	冰况描述(基于世界气象组织对海冰的专用术语)
PC1	全年在所有极地水域
PC2	全年在中等厚度的多年冰冰况下
PC3	全年在二年冰冰况下，可夹多年冰
PC4	全年在厚的当年冰冰况下，可夹旧冰
PC5	全年在中厚的当年冰冰况下，可夹旧冰
PC6	夏季/秋季在中厚的当年冰冰况下，可夹旧冰
PC7	夏季/秋季在薄的当年冰冰况下，可夹旧冰

注：表格参考 IACS 规范[1]。

表 6-2　船体因子

极地冰级	压溃失效因子（CF_C）	挠曲失效因子（CF_F）	加载区域尺寸因子（CF_D）	排水量因子（CF_{DIS}）	总纵强度因子（CF_L）
PC1	17.89	68.6	2.01	250	7.46
PC2	9.89	46.80	1.75	210	5.46
PC3	6.06	21.17	1.53	180	4.17
PC4	4.50	13.48	1.42	130	3.15
PC5	3.10	9.00	1.31	70	2.50
PC6	2.40	5.49	1.17	40	2.37
PC7	1.80	4.06	1.11	22	1.81

注：表格参考 IACS 规范[1]。

表 6-3　适用其他首部线型的船体因子

极地冰级	压溃失效因子（CF_{CV}）	线性载荷因子（CF_{QV}）	压力因子（CF_{PV}）
PC6	3.43	2.82	0.65
PC7	2.60	2.33	0.65

注：表格参考 IACS 规范[1]。

1. 船首区域

在首部区，与浮冰碰擦载荷情况有关的力 F、线载荷 Q、压力 P 及加载区域纵横比 AR 是冰区高位水线处得的船体角的函数。船体角的影响通过对首部形状参数的 fa_i 计算得到，船体角的定义如图 6-1(b)所示。

首部区的水线长度通常分成 4 个等长度的分区。应对每个分区长度中位置处的力 F、线载荷 Q、压力 P 及载荷板的长宽比 AR 进行计算（在计算冰载荷参数 p_{avg}、w_{Bow} 和 b_{Bow} 时，应取 F、Q 和 P 的最大值）。

(1) 舯柱处纵剖面角 γ 为正值并小于 80°，且首部过渡区中点处肋骨垂向角 β' 大于 10° 的首部，在该特征船首形状下设计冰载荷如下。

① 形状参数为

$$\mathrm{fa}_i = \min\left(\mathrm{fa}_{i,1}, \mathrm{fa}_{i,2}, \mathrm{fa}_{i,3}\right) \tag{6.1}$$

式中，$\mathrm{fa}_{i,1} = \left[0.097 - 0.68 \cdot \left(x / L_{\mathrm{UI}} - 0.15\right)^2\right] \cdot \alpha_i / (\beta')^{0.5}$；$\mathrm{fa}_{i,2} = 1.2 \cdot \mathrm{CF_F} / \left(\sin\beta_i' \cdot \mathrm{CF_C} \cdot D_{\mathrm{UI}}^{0.64}\right)$；$\mathrm{fa}_{i,3} = 0.60$。

② 力为

$$F_i = \mathrm{fa}_i \cdot \mathrm{CF_C} \cdot D_{\mathrm{UI}}^{0.64} \quad (\mathrm{MN}) \tag{6.2}$$

③ 加载区域纵横比为

$$\mathrm{AR}_i = 7.46 \cdot \sin\beta_i' \geqslant 1.3 \tag{6.3}$$

④ 线载荷为

$$Q_i = F_i^{0.61} \cdot \mathrm{CF_D} / \mathrm{AR}_i^{0.35} \quad (\mathrm{MN/m}) \tag{6.4}$$

⑤ 压力为

$$P_i = F_i^{0.22} \cdot \mathrm{CF_D}^2 \cdot \mathrm{AR}_i^{0.3} \quad (\mathrm{MPa}) \tag{6.5}$$

式中，i 是考虑的次区域；L_{UI} 是指从舵杆前部与冰区高位水线（UIWL）相交处到舵柱后侧的水平距离，单位为 m；x 是从冰柱前部与冰区高位水线（UIWL）交会处到计算点的距离，单位为 m；α 是水线角，单位为（°）；β' 是冰区高位水线处的肋骨垂向角，单位为（°），见图 6-1；D_{UI} 是船舶排水量，单位为 kt，一般不小于 5kt；$\mathrm{CF_C}$ 是压溃失效因子，见表 6-2；$\mathrm{CF_F}$ 是挠曲失效因子，见表 6-2；$\mathrm{CF_D}$ 是加载区域尺寸因子，见表 6-2。

(2) 首部过渡区中点处肋骨垂向角 β' 处于 0°～10° 的首部，在该特征船首形状下设计冰载荷如下。

① 形状系数为

$$\mathrm{fa}_i = \alpha_i / 30 \tag{6.6}$$

② 力为

$$F_i = \mathrm{fa}_i \cdot \mathrm{CF_{CV}} \cdot D_{\mathrm{UI}}^{0.47} \quad (\mathrm{MN}) \tag{6.7}$$

③线载荷为

$$Q_i = F_i^{0.22} \cdot \text{CF}_{\text{QV}} \quad (\text{MN/m}) \tag{6.8}$$

④压力为

$$P_i = F_i^{0.56} \cdot \text{CF}_{\text{PV}} \quad (\text{MPa}) \tag{6.9}$$

式中，i 是考虑的次区域；α 是水线角，单位为（°），见图 6-1；D_{UI} 是船舶排水量，单位为 kt，一般不小于 5kt；CF_{CV} 是压溃失效因子，见表 6-3；CF_{PV} 是线性载荷因子，见表 6-3；CF_{QV} 是压力因子，见表 6-3。

2. 船首以外其他区域

在船首以外的船体区域，用于确定加载区域尺寸（b_{NonBow}，w_{NonBow}）和设计压力（P_{avg}）的力（F_{NonBow}）及线载荷（Q_{NonBow}）如下。

（1）力为

$$F_{\text{NonBow}} = 0.36 \cdot \text{CF}_{\text{C}} \cdot \text{DF} \tag{6.10}$$

（2）线载荷为

$$Q_{\text{NonBow}} = 0.639 \cdot F_{\text{NonBow}}^{0.61} \cdot \text{CF}_{\text{D}} \tag{6.11}$$

式中，CF_{C} 是压溃失效因子，见表 6-2；CF_{D} 是加载区域尺寸船级因子，见表 6-2；DF 是船舶排水量因子，当 $D_{\text{UI}} \leqslant \text{CF}_{\text{DIS}}$ 时，$\text{DF} = D_{\text{UI}}^{0.64}$，当 $D_{\text{UI}} > \text{CF}_{\text{DIS}}$ 时，$\text{DF} = \text{CF}_{\text{DIS}}^{0.64} + 0.10(D_{\text{UI}} - \text{CF}_{\text{DIS}})$；$D_{\text{UI}}$ 是船舶排水量，单位为 kt，一般不小于 5kt；CF_{DIS} 是排水量船级因子，见表 6-2。

3. 加载区域及压强计算

在船首区域和船首中间冰带区域，对于船级符号为 PC6 和 PC7 的船舶，设计冰载荷加载区域宽度 w_{Bow} 和高度 b_{Bow} 的尺寸，定义如下：

$$w_{\text{Bow}} = F_{\text{Bow}}/Q_{\text{Bow}} \tag{6.12}$$

$$b_{\text{Bow}} = Q_{\text{Bow}}/P_{\text{Bow}} \tag{6.13}$$

式中，F_{Bow} 是船首区域最大力；Q_{Bow} 是船首区域最大线载荷；P_{Bow} 是船首区域最大压力。

在船体其他区域，设计冰载荷加载区域宽度 w_{NonBow} 和高度 b_{NonBow} 的尺寸，定义如下：

$$w_{\text{NonBow}} = F_{\text{NonBow}}/Q_{\text{NonBow}} \tag{6.14}$$

$$b_{\text{Bow}} = w_{\text{NonBow}}/3.6 \tag{6.15}$$

设计冰载荷加载区域的平均压强 P_{avg} 为

$$P_{\text{avg}} = F / (b \cdot w) \quad (\text{MPa}) \tag{6.16}$$

式中，$F = F_{\text{Bow}}$ 或 F_{NonBow}；$w = w_{\text{Bow}}$ 或 w_{NonBow}；$b = b_{\text{Bow}}$ 或 b_{NonBow}。

IACS 规范对于船-冰接触力及加载区域的计算是基于 Popov 提出的能量方法。此方法的基本假定情景为船舶首部与厚冰擦碰，因此主要针对在极地海域的航行船舶，适用于冰情较为严重的区域。

6.1.2 芬兰-瑞典冰级规范方法

波罗的海是芬兰—瑞典的重要航道，但波罗的海海水盐度低、深度浅、冰期较长。为了保证船舶航行安全，20 世纪 30 年代，芬兰和瑞典当局就推出了芬兰-瑞典冰级规范(Finnish-Swedish ice class rules, FSICR)，明确了在波罗的海冰区航行的船舶需要进行何种加强。现已被绝大多数船级社引用，作为附加的船舶入级符号编入自己的船舶入级规范中。

FSICR 规范[2]同样是将设计冰载荷描述为均匀分布在加载区域的平均压强 P_{avg}，但 FSICR 规范对于冰载荷作用区域的高度(设计冰厚) h_{iD}(表 6-4)参照对应的冰级进行选取，宽度 l_{a} (表 6-5)根据结构及框架类型进行选取。

表 6-4　极限冰厚 h_{iM} 和设计冰厚 h_{iD} 的取值

冰级	极限冰厚 h_{iM}/m	设计冰厚 h_{iD}/m
IA Super	1.0	0.35
IA	0.8	0.30
IB	0.6	0.25
IC	0.4	0.22

注：表格参考 FSICR 规范[2]。

表 6-5　宽度 l_{a} 取值

结构	框架类型	l_{a}/m
船壳	横向	肋距
	纵向	1.7 个肋距
船架	横向	肋距
	纵向	框架间距
冰带舷侧纵桁	—	舷侧纵桁间距
肋骨框架	—	2 个肋骨框架间距

注：表格参考 FSICR 规范[2]。

FSICR 规范将船体分为船首、船中、船尾三个冰带，且作用载荷沿船首向船尾方向逐渐减小。在相同冰级下，相比于其他规范，FSICR 规范的设计冰载荷略低，且其主要针对在波罗的海海域航行的船舶。因此，FSICR 规范不适用于极地海域严重冰情的校核计算。

平均压强 P 计算公式为

$$P = c_{\mathrm{d}} c_{\mathrm{p}} c_{\mathrm{a}} p_0 \quad (\mathrm{MPa}) \tag{6.17}$$

式中，c_{d} 是船舶尺寸和发动机输出影响因子，最大值为 1，取值为

$$c_{\mathrm{d}} = (a \cdot k + b)/1000, \quad k = \sqrt{\Delta \cdot p}/1000 \tag{6.18}$$

a、b 取值见表 6-6；Δ 是船舶在最大冰级时的排水量；p 为螺旋桨最大输出功率；c_{a} 是指定区域受到冰载荷的概率的系数，最小值为 0.35，最大值为 1，取值为

$$c_{\mathrm{a}} = \sqrt{l_0 / l_{\mathrm{a}}} \tag{6.19}$$

c_{p} 是设计冰压力出现在船体指定位置的概率的系数，见表 6-7；p_0 为标准冰压力，一般取 5.60MPa；l_0 取为 0.6。

表 6-6　系数 a、b 取值

参数	船首		船中和船尾	
	$k \leqslant 12$	$k > 12$	$k \leqslant 12$	$k > 12$
a	30	6	8	2
b	230	518	214	286

注：表格参考 FSICR 规范[2]。

表 6-7　系数 c_{p} 取值

冰级	船首	船中	船尾
IA Super	1.0	1.0	0.75
IA	1.0	0.85	0.65
IB	1.0	0.70	0.45
IC	1.0	0.50	0.25

注：表格参考 FSICR 规范[2]。

6.1.3　俄罗斯冰区规范方法

俄罗斯冰区规范(Russian Maritime Register of Shipping, RS)起源于 19 世纪末。凭借地理优势和丰富的经验，俄罗斯几乎主导了北极航线中东北航道营运船舶的规范设计。RS 规范[3]同样采用了 Popov 模型，因此具有较高的权威。

RS 规范中的设计冰载荷与冰级、船体外形参数及船体排水量有关。区别于 IACS 规范和 FSICR 规范，RS 规范以圆形浮冰为研究对象，冰载荷计算结果为载荷板格中最大的冰压力，且船体外形参数对各个区域的冰载荷都有影响。但 RS 规范也存在一些不足，如忽略了冰与船体之间的摩擦力等。此外，在冰级大于等于 ARC7 时，冰级因子 a_1 是定值，其定义和推理也不明确，因此理论背景仍有待研究。

设计冰载荷 P 的计算公式为

$$P = 2500 \cdot a_1 \cdot v \cdot M^{0.17} \quad （\text{MPa}） \tag{6.20}$$

式中，a_1 是冰级因子，参考表 6-8；v 是形状因子，当 $x/L \leqslant 0.25$ 时，$v = (0.278 + 0.18 x/L) \cdot (\alpha^2/\beta)^{0.25}$，当 $x/L > 0.25$ 时，$v = (0.343 - 0.08 x/L) \cdot (\alpha^2/\beta)^{0.25}$，$x$ 是船体纵向位置，L 是船体型长，α 是水线角，β 是肋骨角；M 是船舶排水量。

表 6-8　冰级因子 a_1 取值

冰级因子	冰级								
	ICE1	ICE2	ICE3	ARC4	ARC5	ARC6	ARC7	ARC8	ARC9
a_1	0.36	0.49	0.61	0.79	1.15	1.89	2.95	5.30	7.90

注：表格参考文献[3]。

加载区域宽度 b 的计算公式为

$$b = C_1 \cdot k_\Delta \cdot u \tag{6.21}$$

式中，C_1 也为冰级因子；$k_\Delta = \min(3.5, \Delta)$，$\Delta$ 为排水量；u 是形状因子，当 $x/L \leqslant 0.25$ 时，$u = (0.635 + 0.61 x/L) \cdot \sqrt{\alpha/\beta}$，当 $x/L > 0.25$ 时，$u = (0.862 + 0.30 x/L) \cdot \sqrt{\alpha/\beta}$，$\alpha$ 是水线角，β 是肋骨角。

加载区域长度 l^p 的计算公式为

$$l^p = 11.3\sqrt{b \cdot \sin\beta} \geqslant 3\sqrt{k_\Delta} \tag{6.22}$$

6.2　基于海冰环向裂纹法的局部冰载荷算例

6.2.1　连续破冰工况

以一艘具有高冰级破冰能力的破冰船 A 为研究对象，进行连续破冰工况下的分析。此船的主要尺度如表 6-9 所示，模拟的海冰输入参数见表 6-10。在数值模拟中，破冰船 A 以恒定破冰速度 2.5kn 在冰厚为 1.5m 的平整冰冰场中破冰前行。

模拟中的平整冰冰厚均匀，且冰场保持固定不动，破冰船 A 的艏柱倾角为 30°，入水角为 29°。目标船舶在初始时刻接触冰场并准备进入冰场，且直至直航运动结束，破冰船 A 都未超出平整冰冰场边界。初始工况下研究对象的船舶水线面散点图如图 6-2 所示。

表 6-9　破冰船 A 主要尺度

名称	数值
水线间长 L/m	293
船宽 B/m	49.6
吃水 T/m	12
破冰速度 v/kn	2.5

表 6-10　破冰船 A 海冰输入参数

名称	数值
弯曲强度 σ_f/kPa	1000
挤压强度 σ_c/kPa	2300
弹性模量 E_i/MPa	2400
船-冰摩擦系数 μ	0.10
泊松比 v	0.33
海水密度 ρ_w /(kg/m³)	1025
海冰密度 ρ_i /(kg/m³)	900

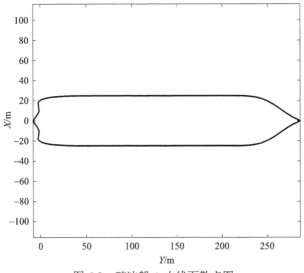

图 6-2　破冰船 A 水线面散点图

船舶在冰区航行过程中，船–冰碰撞存在随机性，因此不同船体区域的载荷密集度也存在差异。图 6-3 为两个典型时刻破冰船 A 的局部冰载荷分布情况，当船首破冰时，冰载荷普遍集中于首部及首部过渡区域。在连续破冰状态下，船体左右舷侧冰压力分布对称。

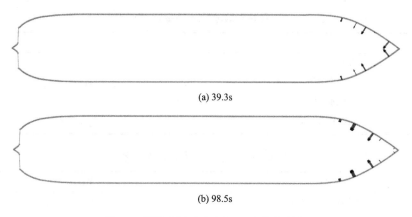

(a) 39.3s

(b) 98.5s

图 6-3 不同时刻下破冰船 A 冰载荷分布

为深入分析船体与海冰接触关键区域冰载荷的动态特征，选取船舶连续破冰运动过程中易与海冰发生碰撞的 4 个位置(图 6-4)，分别位于首部和首部过渡区。

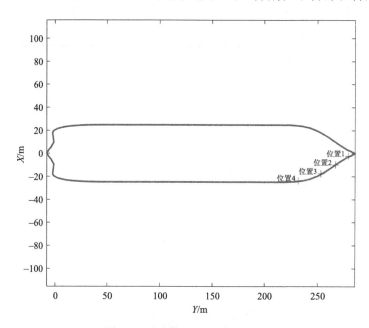

图 6-4 破冰船 A 关键位置选取

局部作用面积为船体离散节点平均间距与平均冰厚的乘积，破冰船 A 船首离散节点平均间距为 0.55m，因此该目标船局部作用面积为 0.41m²。将所获取的载荷值平均至目标船局部作用面积上，即为局部冰载荷。图 6-5 显示了四个碰撞位置局部冰载荷的最大值及平均值。

在连续破冰过程中，冰载荷本身虽然存在随机性，但也存在周期性。图 6-5 中所选四个碰撞位置的冰载荷的历程周期都呈现出极强的规律性，进一步证明了上述观点。其中，位置 3 处冰载荷数值最大，反映出在船首与船肩过渡区域和海冰的挤压程度最为剧烈，此处的船体结构可能受到较为严重的损坏，艏柱区域

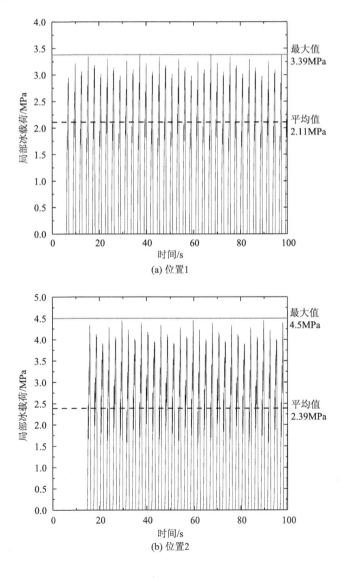

(a) 位置1

(b) 位置2

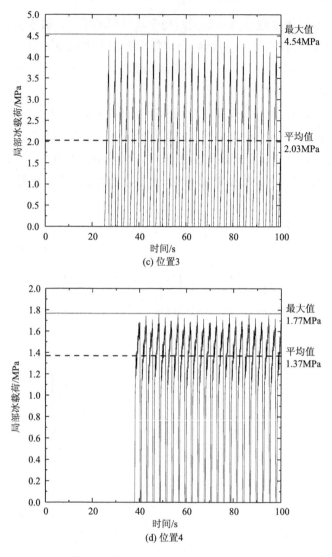

图6-5　破冰船A局部冰载荷时历曲线

与海冰碰撞的剧烈程度同样不可忽视，其冰载荷的最大值及平均值都处于较高水平；由于位置4较接近船中区域，导致此处与海冰碰撞的剧烈程度逐渐降低，对船体造成的损伤也呈下降趋势。

在连续破冰状态下，冰厚是影响船舶破冰性能的关键外在因素。如图6-6所示，比较了目标船在相同航速、改变冰厚条件下不同位置处的局部最大冰载荷，船首区域内(位置1、2、3)的局部冰载荷幅值都呈递增趋势，这主要是由于冰厚增加导致船-冰挤压的剧烈程度陡增，而在船首尾端及靠近船中区域(位置4)的局部冰载荷幅值曲线呈现波动状态，说明该区域受冰厚影响程度远小于其他区域，对船体的危害程度也远弱于船首区域。

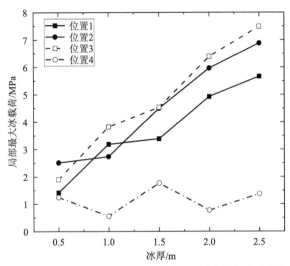

图 6-6　破冰船 A 局部最大冰载荷随冰厚变化时历曲线

6.2.2　冲撞破冰工况

以一艘具有破冰能力的破冰船 B 为研究对象，进行冲撞破冰工况下的分析。此船的主要尺度如表 6-11 所示，用于数值模拟的主要参数如表 6-12 所示。在数值模拟中，破冰船 B 以初始破冰速度 8kn 在冰厚为 2m 的平整冰冰场中进行冲撞破冰。模拟中的平整冰冰厚均匀，且冰场保持固定不动，艏柱倾角为 45°，入水角为 60°。极地船舶在初始时刻接触冰场并准备进入冰场，且至直航运动结束，破冰船 B 都未超出平整冰冰场边界。初始工况下研究对象的船舶水线面散点图如图 6-7 所示。

表 6-11　破冰船 B 主要尺度

名称	数值
水线间长 L/m	189
船宽 B/m	28.5
吃水 T/m	5
排水量 M/t	21025
艏柱倾角 ϕ/(°)	45
船舶水线角 α/(°)	60

表 6-12　破冰船 B 海冰输入参数

名称	数值
弯曲强度 σ_f/kPa	500
挤压强度 σ_c/kPa	2300
弹性模量 E_i/MPa	5400
船-冰摩擦系数 μ	0.10
泊松比 ν	0.33
海水密度 ρ_w /(kg/m³)	1025
海冰密度 ρ_i /(kg/m³)	900

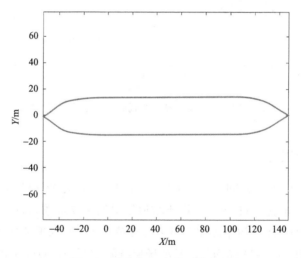

图 6-7　破冰船 B 水线面散点图

　　图 6-8 为整个冲撞破冰过程中船舶航速与步长的变化曲线,模拟过程中以 0.1s 为一个增量,因此共模拟了 200s。由图中可见,起步阶段,在破冰船 B 未与海冰接触时,船的航速出现短暂上升趋势;冲撞阶段,在目标船与海冰接触后,随着时间的增加,航速陡降;在到达 60s 时,海冰对船有反作用力,随着船速的降低反作用力体现得越发明显,速度在 0m/s 上下波动;80s 以后航速为 0m/s,此时冲撞过程结束。在船舶冲撞破冰过程中,选取 4 个典型时刻的船舶冰载荷分布情况,如图 6-9 所示。

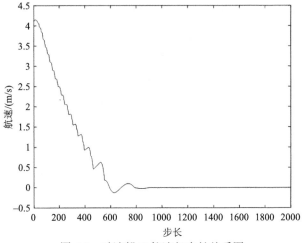

图 6-8　破冰船 B 航速与步长关系图

　　由图 6-9 可见，破冰船 B 在冲撞破冰状态下，首部及首部过渡区是冰载荷高发区域。在破冰船 B 开始冲撞至冲撞结束的过程中，船首区域的冰载荷数量逐渐增加且冰载荷数值增大趋势明显，而首部过渡区的冰载荷数量有递减趋势。在冲撞破冰状态中，冰载荷容易集中在船体某个区域内，因此这些区域也成为船体结构设计的关键区域。

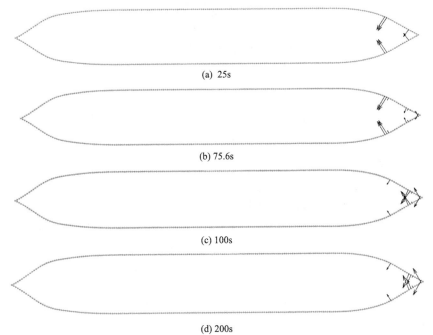

图 6-9　不同时刻下破冰船 B 冰载荷分布

根据上述对冰载荷分布特性的研究，进一步选取出关键位置，以研究关键区域冰载荷的动态特征。最终，选取船舶冲撞破冰运动过程中易与海冰发生相互作用的 3 个位置（图 6-10），分别位于首部和首部过渡区。破冰船 B 船首离散节点平均间距为 1m，因此该目标船局部作用面积为 1m^2，将所获取的载荷值平均至目标船局部作用面积上即为局部冰载荷，如图 6-11 所示。

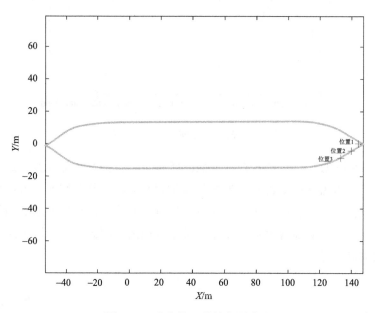

图 6-10　破冰船 B 关键位置选取

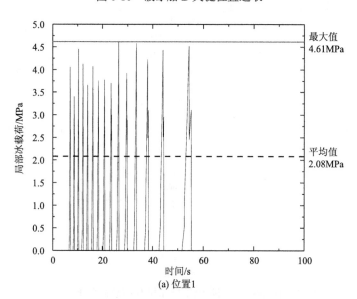

(a) 位置1

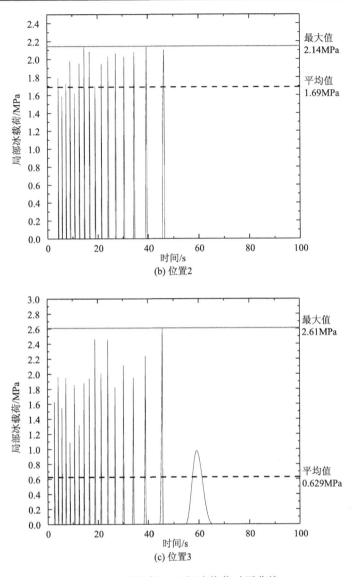

图 6-11　破冰船 B 局部冰载荷时历曲线

　　冲撞的瞬态性要强于其他破冰方式，因此其载荷的周期性远低于其他方式。由图 6-11 可见，冰载荷都出现在 65s 以前，说明 65s 以后冲撞过程基本结束，多数船体区域冰载荷数值陡降为 0。反复冲撞状态下，船舶通过反复高速撞向冰层，使其破裂疏松，再用船重施加压力逐步破坏冰层内部结构。冲撞时，船体的前进动能很大。根据动能定理，动能转化为船体与冰层之间的碰撞功，使船首承受更大的载荷。由于首部区域最先与海冰接触，最易发生损伤，而随着船体位置的后移，平均冰载荷数值逐渐变小。因此，冲撞破冰状态下需着重关注船首尤其是艏柱附近区域的结构安全性能。

6.2.3 回转破冰工况

以一艘具有破冰能力的散货船 C 为研究对象，进行回转破冰工况下的分析。其随船坐标系下船体水线面离散图如图 6-12 所示。散货船 C 主要尺度如表 6-13 所示，其中部分未知参数由公式估算获得。模拟中的海冰主要参数参照表 6-12。

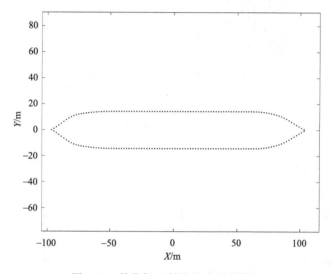

图 6-12 散货船 C 船体水线面离散图

表 6-13 散货船 C 主要尺度

名称	数值
水线间长 L/m	193
船宽 B/m	28.5
吃水 T/m	11
主机功率 P/MV	15
破冰速度 v/kn	16
排水量 M/t	44652
艏柱倾角 ϕ/(°)	30
船舶水线角 α/(°)	29

在回转工况下，模拟散货船 C 在冰厚为 0.5m 的平整冰冰场中的回转运动，如图 6-13 所示。在初始状态下，散货船 C 的纵向初速度为 5.5m/s，舵角固定为 35°，并且保持最大推力在平整冰冰场中进行回转运动。模拟中的平整冰冰厚均匀，且冰场保持固定不动，散货船 C 从回转运动开始至回转运动结束均位于冰场内且未超出平整冰冰场边界。

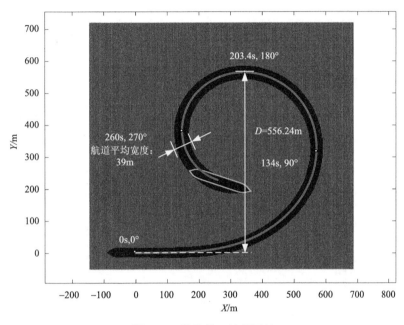

图 6-13　散货船 C 冰场回转

在冰区回转过程中，回转直径取船舶首次回转达到 180°时的距离，船舶回转时间取船舶从运动开始至首次回转达到 180°时所需时间。如图 6-13 所示，散货船在 0.5m 厚平整冰中的回转直径为 556.24m，回转所需时间为 203.4s。此外，船舶回转轨迹会随航行时间的增加而向内侧收缩，这是由于随着航行时间的增加，船-冰间的作用力会由最初的不平衡状态缓慢达到一个稳定的平衡状态，从而使回转轨迹趋向一个标准的圆。

在船舶回转过程中，局部冰压力的分布特征是极地船舶船体结构设计的关键，以下为 4 个典型时刻的船舶冰载荷分布情况，如图 6-14 所示。

由图 6-14 可知，当船舶在冰场中向左回转时，冰载荷普遍集中于首部、首部过渡区、尾部等与海冰直接接触的区域。船舶右舷的首部和尾部直接承受海冰碰撞，船-冰作用剧烈，海冰多发生弯曲失效，所诱导的局部冰载荷也相对较大，船舶左舷首部会与冰缘产生挤压作用，在船首肩部产生一定的高载荷区域，船舶左舷中部及右舷的前端和后端，也受到冰缘的擦碰作用，产生冰载荷，但载荷值都相对较小。该分布趋势与常规船舶规范中对船舶冰区加强范围的划分相一致，这也在一定程度上体现了规范中船体区域划分的合理性。

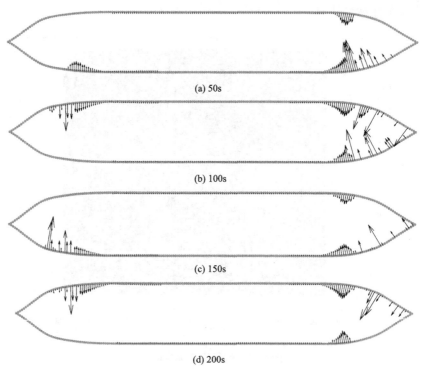

(a) 50s

(b) 100s

(c) 150s

(d) 200s

图 6-14　不同时刻下散货船 C 的冰载荷分布

　　为进一步分析关键区域冰载荷的动态特征，选取散货船 C 回转运动过程中易与冰发生相互作用的 4 个位置(图 6-15)，分别位于首部、首部过渡区和尾部右侧。目标船船首离散节点平均间距为 1m，因此该目标船局部作用面积为 $0.5m^2$，其局部冰载荷如图 6-16 所示。

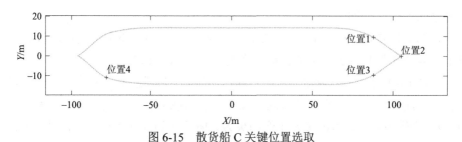

图 6-15　散货船 C 关键位置选取

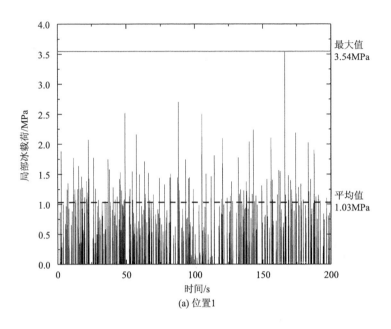

(a) 位置1

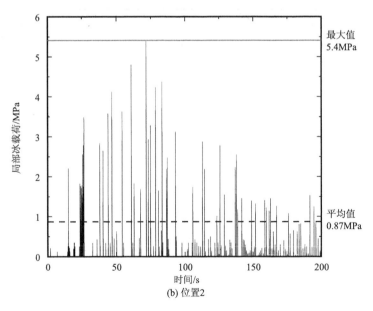

(b) 位置2

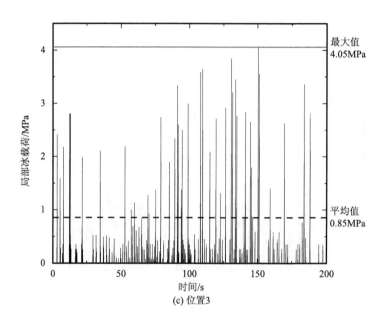

(c) 位置3

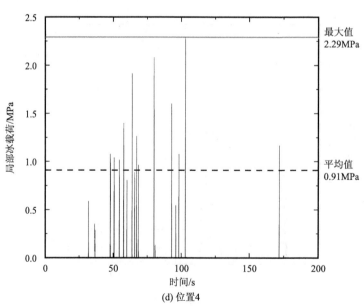

(d) 位置4

图 6-16　散货船 C 局部冰载荷时历曲线

由图 6-16 可知，船体首部及首部过渡区(位置 1、2、3)在整个航行时间内与海冰接触所产生的冰载荷最大值相近，均在 4MPa 附近，因此船首依旧是航行过程中最为危险的区域。作用区域的冰载荷时历曲线出现明显的加载-峰值-卸载特征，但回转过程中呈现的冰载荷周期性远低于持续破冰工况，侧面说明回转过程中，由于航行角度的变化，冰载荷的随机特性远高于持续破冰状态。船尾(位置 4)的碰撞频率远低于其他区域，其最大冰载荷值为 2.29MPa，说明在回转破冰时，虽然船尾会发生较多碰撞，但对船体的损坏程度远低于船首。

6.3　其他局部冰载荷分析方法

6.3.1　非线性有限元法

非线性有限元法是基于连续介质力学，将结构离散化，划分为有限数量的单元，并对有限数量的单元进行分片插值求解微分方程的一种数值方法。其优势在于，目前该方法的理论基础已经成熟，计算效率高，对于小变形等问题既能够快速计算，又能够保证局部冰载荷的计算精度。但是，该方法的计算结果对所选冰材料的模型参数十分敏感，导致计算结果不确定性增大，同时网格尺寸对海冰破坏模式及局部冰载荷预报的影响也较大，在处理大变形问题上往往会因为网格变形等问题导致数值结果不理想[4-6]。

6.3.2　粒子法

粒子法是通过一系列任意分布的，能够承受质量、速度等各种物理量的粒子代替整个连续介质的无网格、非局部计算方法。目前，光滑粒子流体动力学法是粒子法的主要类型。其主要优势在于，通过粒子模拟连续介质可以很好地捕捉运动现象，且完全不需要网格，能够避免大变形导致扭曲等问题[7]。粒子法遵循质量守恒原理，破碎的海冰不会像网格法那样被删去，因此更贴合实际情况。但是粒子法正处于发展期，并不能完整精确地模拟冰的力学性能和破坏特性，冰的数值模型仍需不断完善，目前还未应用到局部冰载荷方面的研究中。

6.3.3　离散元法

离散元法将海冰离散为具有一定质量和大小的颗粒单元，单元之间有黏结作用。该方法的优势在于，既能够在微观角度合理描述海冰的离散模型，又能够在宏观角度模拟船-冰相互作用中的破碎过程。与有限元法相比，离散元法基于微观角度，能够更好地反映脆性材料的破坏特性[8,9]。但是在海冰密集度大的情况下，使用离散元法进行局部冰载荷数值模拟存在计算量大和计算效率低等问题，且离散元法未考虑单元尺寸、接触模型和破碎准则对船体冰阻力产生的影响，同时忽略了船体与海冰接触时的水动力特性，因此其对局部冰载荷的计算精度有待提高[10]。

刘璐等[11]采用海冰离散元法模拟了科考船的破冰过程，对累计最大冰载荷和累计平均冰载荷进行了有效分析，并通过 IACS 规范对文献中计算的船体结构冰载荷进行了校核，计算误差范围为 6.7%～18.1%。

6.3.4　近场动力学法

近场动力学是一种非局部、无网格粒子、积分形式的计算方法，它将连续介质离散为一个个能够承受一定体载荷、速度、位移，并且会发生移动和变形的作用点。对于作用点之间的相互作用，该方法基于非局部作用思想，同时采用积分法建立运动控制方程，避免了基于连续性假设求解微分方程的传统方法在处理不连续问题时的奇异性和复杂性，很好地模拟了连续介质模型，使其同时适用于连续介质与非连续介质[12]。但是在建立冰的本构模型时，该方法需要考虑冰的弹塑性。作为处于起步阶段的方法，近场动力学用键等来反映冰的材料性质，因此对于键的破坏判断需要不断完善，以提高精度[13]，目前还未应用到局部冰载荷方面的研究中。

6.4　小　　结

本章首先介绍了几个国际上应用较广的船舶结构冰级规范，之后以具体实例介绍了环向裂纹法在局部冰载荷计算中的应用，最后简单介绍了冰载荷的计算固体力学方法。规范冰载荷计算方法主要存在计算结果的适用性范围有限、灵活度差、精准度不高等问题，而计算固体力学方法的精度依赖海冰本构模型，且计算效率较低。相比较而言，环向裂纹法适用于各种船型与各类冰区的操纵方式，可对一段时间内船舶航行过程中遭受的大量冰载荷进行时历分析，并反映其空间分布，具有较好的灵活性，在海冰局部载荷问题上可以给出更加全面的信息。

参 考 文 献

[1] IACS. Requirements Concerning POLAR CLASS, I2 Structural Requirements for Polar Class Ships[S]. IACS, 2016.

[2] FSICR. Ice Class Regulations and the Application Thereof [S]. Helsinki, Finland: Finnish

Transport Safety Agency, 2017.

[3] 沈童伟. IACS 与 RMRS 规范冰载荷比较[J]. 船舶设计通讯, 2019, (S1): 53-59.

[4] 王健伟, 邹早建. 基于非线性有限元法的船舶-冰层碰撞结构响应研究[J]. 振动与冲击, 2015, 34(23): 125-130.

[5] 丁仕风, 周利, 钟晨康, 等. 冰载荷作用下船体结构强度有限元分析方法[J]. 江苏科技大学学报(自然科学版), 2020, 34(1): 8-12, 33.

[6] Wang J W, Zou Z J. Numerical simulation of ship icebreaking in level ice based on nonlinear finite element method[J]. Journal of Ship Mechanics, 2016, 20(12): 1584-1594.

[7] 刘亚男, 李辉, 刘煜文, 等. 基于 SPH 方法的连续式破冰数值模拟[C]//纪念《船舶力学》创刊二十周年学术会议论文集, 舟山, 2017: 330-336.

[8] 季顺迎, 田于逵. 基于多介质、多尺度离散元方法的冰载荷数值冰水池[J]. 力学学报, 2021, 53(9): 2427-2453.

[9] 刘璐, 胡冰, 季顺迎. 破冰船引航下极地船舶结构冰荷载的离散元分析[J]. 水利水运工程学报, 2020, (3): 11-18.

[10] 刚旭皓, 田于逵, 季少鹏, 等. 基于离散元模型的冰阻力数值研究[J]. 舰船科学技术, 2020, 42(6): 14-19.

[11] 刘璐, 曹晶, 张志刚, 等. 冰区航行中船体结构冰压力分布特性的离散元分析[J]. 船舶力学, 2021, 25(4): 453-461.

[12] 王超, 曹成杰, 熊伟鹏, 等. 基于近场动力学的破冰阻力预报方法研究[J]. 哈尔滨工程大学学报, 2021, 42(1): 1-7.

[13] 张媛, 王超, 郭春雨, 等. 冰弯曲破坏的弹塑性近场动力学模型[J]. 哈尔滨工业大学学报, 2022, 54(6): 87-94.

后　记

近年来，全球气候变暖导致北极冰层不断融化，北极航道开通的可能性大大提高，我国在极地工程方面的研究进展也是日新月异。作为一位从事极地工程研究的学者，我亲身经历了这一领域的发展过程，深切地感受到其中的变化。在初期的研究和实践中，面临诸多困难，包括数据获取的挑战、模型精度的提升及预测可靠性的增强等。但是，通过团队的合作和不懈努力，逐渐克服了这些困难，取得了一定的成果。

尽管极地工程领域的研究在国内起步较晚，但是具备巨大的潜力和发展机会。中国政府在极地工程领域的政策支持和投资为行业的发展提供了重要保障，在极地工程技术方面的投入和创新为行业的发展奠定了基础。通过持续投入和创新，我们有能力在这一领域缩小与其他国家的差距，并取得更大的突破。例如，中国成功研发出一系列能够适应极端环境的极地科考船和极地运输船，并积极参与北极科考和南极科考等国际合作项目。

本书提出的环向裂纹法已经用于指导多型极地船舶的设计和研制，对极地船舶与海洋工程的研发、设计和建造具有重要的现实指导意义，但在理论研究上仍存在需要进一步解决的问题。

首先，需要进一步研究船-冰作用的失效机理，并在冰水池实验和现场实测等大量数据的支持下，发展更加科学的冰阻力数学模型，开发基于环向裂纹法的冰阻力静态预报公式，拓展适用范围，提高数值计算精度，实现对多种复杂冰况下极地船舶冰阻力的有效预测与评估，为极地船舶、海洋平台等极地工程的设计和运营提供更准确的决策依据。

其次，应进一步加强多学科的交叉合作，发展数值化冰场技术，实现实际冰场与数值冰场的实时同步，进而预测、评估在数值冰场中的船舶及海洋工程结构物的冰载荷，并结合海洋工程、材料科学、结构力学等领域的专业知识，通过融合不同学科的研究成果，提高海冰载荷预报方法的综合能力，为极地工程的设计和建设提供更全面的支持。

最后，应着眼于冰载荷的应对技术研发。通过深入研究冰与结构的相互作用规律，开发有效的冰防护和结构加固技术，提高极地船舶和海洋平台的抗冰能力。同时，探索新型材料、结构设计和控制策略，以应对复杂多变的冰况，提高极地工程的安全性和可靠性。

　　我对这些研究方向充满了期许，希望看到更多的科研机构、工程师和决策者加入极地船舶相关工作中，共同推动技术的创新和应用。我也希望国内能够加强与其他国家和地区的交流与合作，共同应对全球极地航行面临的挑战，并为极地船舶行业的可持续发展做出贡献，为我国"冰上丝绸之路"建设铺平道路！

周　利

2023 年 11 月